冥 想

日日靜心的
活法

DAILY

MEDITATION

超越孤獨，享受單獨

目錄

Part 1
我的瑜伽往事

我一直相信，Everything happens for a reason（凡事皆有原因）。

任何事件的發生，都有它於「我」的意義，無論看起來是好是壞。在一件又一件事情的向前推進中，我們的生命之輪開始運轉，步入新的階段。

我們往往執著於事件本身，常忽略了它究竟是為什麼而來。直到有一天，有機會停下來，回頭看看一路走來的足跡，才會突然明白：原來是這樣。

這是一種奇妙的感受。

那些越是看起來糟糕透頂的事件，越是蘊含了巨大的生機，伴隨奇妙的感受一同而來的，還有難以言說的對生命本身的感動、感恩。這樣的感觸讓正在變得堅強的我們，再次感受到柔軟的內在，也才有機會將堅強與柔軟融合成堅韌與敏銳，真正由內而外地成長。

當走進瑜伽的世界之後，我才明白，這是瑜伽所理解的世界運行法則。

有些抽象？

那就從我的故事開始說起吧！

1

在我的生命中，那個看起來糟透了的事件，是抑鬱。

如果你認識我或是讀過我之前出版的書，想像著那個印象中的我，大概會問：那個在咖啡館裡聽大家說故事、為大家煮咖啡，一臉陽光燦爛笑容的老闆娘，也會抑鬱嗎？

我只想說：連我自己都覺得諷刺。

我也是在許多年之後，才能坦然面對這一段經歷。

故事要從 2010 年開始說起，那時候我是不抑鬱的，那一年甚至是我人生中最快意的一年。

我辭去在別人眼中未來可期的在北京的工作，遵照內心想離父母近一些的想法回到成都。喜歡喝咖啡卻對咖啡一無所知的「初生之犢」，真的就在機緣巧合下開了一家咖啡館——不是那種提供咖啡、奶茶的飲料店，而是要有人情味、有內涵的咖啡館，不期待比肩塞納河畔的咖啡館，卻也想要成為有溫度、能溫暖人心的街角咖啡館，所以取名「17 幸福 8」，諧音「一起幸福吧」。

開業不到半年，咖啡館收支平衡，也漸漸匯聚起一群人，用當時附近店家老闆的話說：你們家的客人是從外貌和氣質上就可以識別的，比較特別。而當年的許多媒體報導中，都提到這裡是成都的文藝青年聚集地，因為隱祕而更顯神祕，電影

會、讀書會、週末集市、以物易物等，彷彿一個小群體建立的「烏托邦」。

來到這裡的朋友也很開心，「在這個城市裡為靈魂找到一個容納之處」（摘自後來離開成都的朋友發送的簡訊描述）。可是我並不喜悅，因為我想要建立的「烏托邦」，不是搖曳於社會現實之上的「烏托邦」，而應該是根系漸漸粗壯，日復一日年復一年，枝繁葉茂的理想花園。

在許多以活動為基礎的嘗試之後，我被卡住了：咖啡、活動都可以做出不同的種類，變換「花樣」，但參與的人數始終有限，如何能夠發揮更廣泛的影響力，讓它從內到外都更上一層樓？每天關店回家後，腦海裡都是這些內容在打轉，我想找一條出路。

我總在那些想要解決的問題上清晰地感受到自己的糾結：我寧願為一場有內容的讀書會費心策劃，也不想讓吵吵鬧鬧的桌遊聚會影響到原本更適合咖啡館的顧客；我固執地拒絕了好多人要投資開分店的提議；同行有經驗的朋友給出的建議都難以說服我，發傳單、團購、買榜單……這都不是我想要的。

所以，當老客人們說「這樣已經很好了，想那麼多幹什麼」的時候，我只有尷尬地笑笑，我知道夢想照進現實從來不易，但是，一定有路！

然後傻乎乎的我還真就埋頭找出路了。

找著找著，我發現並不是我一個人在面對這樣的困境。

那時候成都的咖啡館市場也正在經歷一個由盛入衰的階段，許多人因浪漫情懷開了一家咖啡館，一兩年後因為各種問題關門轉讓，且不說夢想碎了一地、對開店者本人內心的影響，在幾輪風裡來雨裡去的易主風波後，一度火熱的「特色咖啡館」漸漸被市場上大投資、連鎖品牌、標準化服務的咖啡店取代。後續觀望者們的內心期望也被冰冷的現實澆滅，小咖啡館越來越少。有些老闆靠餐點養活咖啡館，有些老闆靠其他工作來滿足自己食衣住行育樂的需要。夢想的開啟原本是為了自由，沒想到反而困住了自由，個中艱辛，只有自己知道。

我屬於後者，咖啡館自負盈虧，我有各種工作機會可以養活自己。不過，若不是過往辛苦工作鍛鍊的多方面技能；若不是我原本就沒有很高的物質欲望；若不是我沒有那麼大的家庭壓力；若不是過往在親朋好友那裡累積的信任讓他們沒有來輪番碎碎念 —— 我想，我肯定也是撐不下來的。

一邊工作，一邊經營；一邊尋找，一邊嘗試。幾條戰線同開，半年多之後，除了小點讚小收穫之外，沒有更長遠的發展預期，身心俱疲，還失落、難過，覺得自己無能為力。許多次想「我不是做生意的料，關掉算了」，然而看見一個又一個推門而入的人眼中的驚喜，收穫他們真誠表達的感謝，又實在無法放手 —— 我幾乎每晚都在經歷內心的掙扎。

有時候實在撐不住了，與朋友坦言正在遭遇的困境，收到對方給予的溺愛般的安慰，或是轉移話題分享別的快樂，但這

並不能解決我的問題，因為我看起來感性得要命，骨子裡卻非常理性，我深知：沒有解決的問題，從來不會憑空消失。

與此同時，一向對感情遲鈍的我，看著周圍的人紛紛戀愛、結婚、生子，有「這個年齡應該」的壓力，又清楚知道自己沒有強烈的找個伴侶的意願，一個人照顧內心與現實世界的「小花園」，沒什麼不好。比起陪伴，我更期待一段高品質的關係，即便難度更大，等待的時間更長，也不願妥協。

2

事業受挫，找不到出路；感情無法將就，希望渺茫。在26、7歲的年紀，兩件人生中最重要的事情都是「失敗」，真是對我打擊很大，這些需要個人承受消化。

而壓倒我的最後一根稻草，就在友情中發生了 —— 因為一件雞毛蒜皮的小事，我跟朋友吵了幾句，事情的發展就超出了理性控制。

從小就不愛哭的我，吵架之後，眼淚的開關壞掉了，即便腦子裡認為這麼點事有什麼好哭的，也仍舊淚如雨下，嚇壞了當時在身邊的朋友們。

因為工作的關係，習慣在凌晨 4 點睡覺、幾乎從不失眠的

我失眠了，沒看見早上的光亮、不把所有精神消耗殆盡，就不能入睡。

白天，我像機器人一樣開店、煮咖啡，聽著朋友們說起生活中的故事，盡力回應；一個人在店裡的時候，望向窗外，轉過身就是淚流滿面；食不知味，對什麼都提不起興趣，無精打采，注意力難以集中；強烈感受到自己不想見人，想回到一個人的世界 —— 我不能清晰地說明自己究竟在經歷什麼，卻清楚地感知分明的抗拒、分裂，被無力感拖住雙腳，動彈不得。

我知道，我生病了。

通常這種情況，應該去找心理醫生，可要命的是，我是個感冒發燒都不願吃藥的人。我糾結過一段時間要不要去看醫生，但最終不知道哪裡來的勇氣，僅憑清楚知道自己不想死、不求死，就相信還有機會把自己撈起來。

坦白地說，即便到現在，我也不知道這樣的信心究竟來源於何處。唯一能夠想到的解釋是，從小到大，每當遇到問題想不開的時候，就會隨心情隨手翻閱與問題全然無關的書，一些攝影集，一些不能完全理解的哲學，一些散文集、詩集、燒腦的小說和劇本，我喜歡柏拉圖、泰戈爾、克里希那穆提、瑪格麗特·莒哈絲、三毛、賴聲川、李欣頻……以往零散憑心情錄入的無用訊息此刻匯聚起來，成為一束光，照亮不知所措的黑暗 —— 沒事，我只是還沒找到生活的意義。

有趣的是，當我承認這一點時，整個人反而從緊繃的狀態

開始放鬆下來。於是，我又一次開始放任自己跟隨心意閱讀《印度生死書》、《五十奧義書》、《薄伽梵歌》、《重新認識你自己》、《世界在你心中》、《生命之光》……說也奇怪，這個時候，那些與古典印度文化相關的內容彷彿開啟了我身體裡塵封已久的記憶密碼，思維崩塌的大腦從幾乎當機，到漸漸復甦，再到海綿一樣開始自主吸收，這是一個瘋狂的過程！包裹這些內容的文字，又指引我去修習瑜伽，了解這朵自吠陀時代起就一直綻放的印度之花。

慢慢地，我還是沒能解開那些解不開的「死結」，它們卻不再成為我「必須」立刻解決的問題，我能夠接納它以自己的方式留在我的生命裡，整個人從谷底爬起來。

3

講述這段過去，不代表所有在這個狀態的人，都需要自己咬牙硬撐，每個人並不相同。但講述這段過去的意義在於，我自己和後續遇見的客戶、學生們，我們都曾在那個谷底，我們走了出來，這一段路，並不容易 —— 卻也真的沒那麼難。

而這些已經發生的，恰恰證實了一件事：生命中，每段經歷的發生，都為完成和豐富你而來。

當我整個人的狀態調整過來，就湊巧有出版社邀約講述這

一條開咖啡館之路，我開始一個字一個字敲出這一整個故事，才有了《二三十歲，開間幸福小店》。放下一些過往的糾結，親見自己可以給出的分享 —— 這一段路，從無法控制地掉淚，到完成自己的過濾儀式，前前後後，整整一年零三個月。

蠶透過吐絲排出身體裡多餘的氨基酸，我也在這個過程中以文字完成自我清理。

書稿完工後系統學習瑜伽課程，又隨心意走入其中與冥想有關的內容，收穫頗豐的同時，機緣巧合地將過往頭腦中的零星閃光串聯起來，「獲得」一種全新的「世界觀」。我無法清楚描述這一切如何發生，卻再也無法忽略內在清晰的聲音：

許多問題的出現，是因為我們把它當成問題。
解決問題的方法，除了解決它，還有看清它，放下它。
我有「責任」將這些內容整理出來，分享出去，這是我活著的意義。

也正因為這樣，2015 年，我把咖啡館升級成龍門院，致力於個人內在成長，開發出以社會學、瑜伽為基礎的「蛻變系列工作坊」，用自然體驗的方式讓人回歸生活實修，開發天賦創造力，享受生命旅程。

我，以及有機緣走入這裡的朋友們，在每天的學習和實踐中，內心的烏雲漸漸消散，陽光一點一點照進來，我們不再懼怕未來可能出現的烏雲，因為堅信，陽光一直在。

　　所以接下來你看到的內容，是我這一路的思考與分享，需要說明的是：

無論閱讀、冥想，還是瑜伽，都不是唯一通路，殊途同歸。找到適合自己的，才最重要。

　　我無法給出「判定」，哪個教派或者流派的冥想更加「正宗」，我更願意相信，在某種不能言說的原因之下，相似的意識會在人類身上覺醒，然後開始發展，對整個人類社會產生影響。瑜伽文化博大精深，體式練習和冥想都只是其中的一部分，渺小的我無法完全描述，也仍在探索過程中，這樣的理解不是唯一，但求拋磚引玉，能讓你有所啟發，多一層屬於你的豐富，如此已經足夠。

　　學習之路，歡迎指正、交流。

Part 2
約你冥想的 365 天

冥想不是靜坐

001　冥想是和自己的親密約會

日常生活中你如何與自己相處？

每天的生活中又有多少是不分給工作、不分給家人，完全屬於你自己的時間？看似簡單的問題，回答起來似乎沒有那麼容易。

我們常常放縱地睡去，只是可惜睡去更像是忘記或放開自己。

清醒溫和地與自己相處，是重要的。可以給自己的滋養，是愛自己的表現。

比起需要進入狀態保持練習的興趣愛好，冥想操作起來更容易，你只需要坐下來，安靜下來，將所有的注意力收回，就是與自己在一起。

002　冥想是最輕鬆的瑜伽練習

如果身體的狀態和時間不允許進行日常的瑜伽體式訓練，冥想是我們每日可以進行的瑜伽練習方法。

冥想需要一個相對安靜的環境，也需要能夠讓人放鬆身心的香味（香、薰香、蠟燭等）、音樂（幫助自己平和安靜下

來），以及一小段不被打擾的時間（初始練習以 15 分鐘為宜），甚至只是放下手機，找個舒服的環境坐下來。

如果快節奏的社會發展無法掌控，我們可以用這 15 分鐘來調整自己的節奏。

003　閉目養神，是對身體的修養

有時候我們的身體很想睡，腦袋卻無比興奮；有時候我們的腦袋想休息，身體卻不願睡去，像個躁動的孩子，不讓頭腦睡去。

我們看電影，聽音樂，起身走走，為了打消疲憊的睡意；我們回到溫暖的床，找一處舒適的沙發，沉浸在睡夢中，都是一方「戰勝」了一方。

下一次，在這樣的糾結片刻，還可以嘗試閉目養神。找一個舒服的姿勢，閉上眼，將注意力慢慢放回到呼吸上，「聽見」身體在休息，思維在細微中保持清醒，這就是簡單的日常冥想。

004　冥想是讓心湖澄清的過程

在瑜伽的世界中，我們是宇宙的創始 ——「梵」的一部分，「梵」在我們的世界中以各種各樣的方式呈現，就好像在每個人的心中，都有一片心湖，天上有雲飄過，湖邊有樹生長，都會在心湖中以倒影的形式映現。

我們常認為有些事很難，要鼓足勇氣，或是羨慕那些可以去完成某些事的人，但實際上最需要勇氣的，是面對隨時與自己在一起的「自己」，或者說，自己內在的真實。

這內在的真實就是內心的一片湖。當思維開始判斷好壞的時候，或者要求正能量的時候，像極了心湖被飄過的風吹起，卻要兀自保持鎮定，那就需要內在出現某種寧靜的力量與外在抗衡以維持穩定。

冥想，就是要將注意力拉回心湖中，慢慢放鬆，放下對抗，柔軟下來，去發現、感受內在寧靜的流動。

005　所有成長的力量都來自內在

我們時常以為影響一個人的主要原因，是外在環境。

實際那真正「指揮」我們行動的，都來自內在 —— 即便內在的自我「不作為」，它也需要面對及接納外在環境，讓自己順應環境的大趨勢。

在環境中實現自我是這樣，我們與自己的交流也是如此。我常糾結於外在呈的選擇，但其實每一個選項都代表著內在，真正尚未想清楚和未能和解的是內在。

我們需要先解決內在的和解與確認，才能更好地應對外在，也是另一種「攘外必先安內」。

冥想，是更清晰地看見這兩部分，見證它們敵對、尷尬、和解、攜手向前的過程。

006　冥想是與自然連結的管道

感受一下，怎樣的頻率是大自然的頻率 —— 太陽冉冉升起、一朵花慢慢綻放、溪水嘩啦嘩啦、一棵樹一點一點長高。這所有的過程，儘管都有一個時間的橫軸，但在每一分每一秒經過的當下，都慢得讓人想要屏住呼吸。

大自然的頻率就是如此 —— 緩慢、深長。

當我們與大自然的頻率連通的時候，就好像是進入大海，成為大海的節奏一樣。長時間與自然同頻率，內在的、骨骼的、皮膚的傷痛就會被充滿生機並且有力的自然療癒。

冥想就是與自然連結的管道。

007　冥想就是你的暫停鍵

為什麼高僧、俠士看起來那麼「帥」？尤其在一些重要關頭或如臨大敵的時候，他們還可以旁若無人，閒庭信步。因為在修煉過程中許多講求「心法」的部分，都跟內在和冥想中的「靜」製造的「空隙」有關。

時間「靜」住了，我們看見過去、現在和將來；空間「靜」住了，我們得以有機會全方位感受同一個事物，彷彿按下了暫停鍵。

在這樣的空隙中，我們也可以實現轉換，從好老闆變成好

爸爸，從女強人變成好女兒，從一件事到另一件事，平穩而緩慢，且保持精力旺盛。

當你能夠感受那個「空隙」，奇妙和力量就發生了。

008　為什麼進入冥想狀態時整個人很清明

一件事的開頭，總會走向一個結果。而任何一個結果，都會開啟一輪新的開始。

不是所有的因果都有跡可循，唯一不變的，是它們之間的相互連繫。

當處在事件中，我們往往只關注眼前，或是盯住事件本身，常常很難再去看到事件與事件之間的連繫，有時陷入不同事件的同一個循環而不自知。

冥想中學習「停止思維」以及「放下」，可以幫助我們挪到當下之外，發現它與它之間的連繫，更深刻洞察這一系列事件出現在「我」生命中的意義。

009　每天花 15 分鐘冥想

日常生活裡，忙忙碌碌就是一天，為工作、為理想、為家人、為朋友，看起來都是為了自己，卻似乎沒有一樣是為了自己。

有人說，每天最安心的時候是下班回家把車停進車庫還沒

走出來的那 5 分鐘,因為那是自己的時間。我們是需要給自己時間的。需要時間,也需要被關注,這樣自己才會舒服。

而平常那些看似給自己的時間,用來瀏覽新聞、看電影,無意識間五感和思維都需要保持清醒狀態:這不是休息,是消耗。

冥想時,大大方方地給自己時間、關注和愛,這是對自己的滋養。

010 冥想教會我們向內看

當我們仔細審視生活,就會意識到:從幼年開始,我們接受的教育就僅僅止於觀察和了解外部世界,從來沒有人教導過我們,應當如何向內看,發現和了解內在。因此我們在渴望被別人了解、了解別人的同時,對於自己卻是一個陌生人。由於缺乏自我了解和人際關係難以稱心如意,生活中也常常充滿了無法言說的困惑與失望。

事實上,常規的教育體系只開發了我們大腦的一小部分,而另外負責做夢、睡眠以及儲存所有精力的潛意識領域,仍鮮為人知。我們的思維可以掌控整個身體,但身體卻不能掌控精神。冥想是一個與潛意識建立連結的橋梁,能幫助我們探索潛意識的未知世界。

當你練習冥想一段時間之後,你會發現,你會越來越容易

覺察到自己的潛意識，且越來越清晰，在清晰中生出堅定，進而少去許多選擇或猶豫的煩惱。

011　冥想是了解內在的機遇

《黃帝內經》提到：通則不痛，痛則不通 —— 身體疾病的發生常常由於小的堵塞疼痛沒有被及時覺察，累積之後造成較大的病症。

冥想的過程，是一個自我清理和疏通的過程，將注意力轉移到呼吸之後，我們透過對身體器官的關注來卸掉情緒，覺知到薄弱的部分，讓痛點不痛，使身體通暢。

如果說藥物是外來的手段和方式，冥想則是來自內在的重啟、活化和修復。內和外，是兩種方式，沒有哪一種更好，而是各有優勢。

通之後，才有機會積蓄力量，像一個蓄水池，清洗乾淨之後蓄水，才有機會因為自己的滿溢而給予別人。

012　清醒地睡著

遇到一個好的冥想老師，在語音引導中，你會感受到身體的放鬆與舒適，像睡著一樣，但是同時，你的思維是覺醒的，這種感覺很像是：「剛剛舒服地睡了一覺，我還聽見了自己打呼的聲音」。如果真的像你所說，身體已經睡去，器官已經在休息

狀態，你也睡著了，你又如何能夠知道你在打呼呢？

身體疲憊需要休息，與保持意識的清醒，並不相悖。

現代人的許多疲憊不堪，與其說是身體上的，不如說是心累帶來的情緒壓力，需要藉由身體的休眠來補充能量，但其實在讓自己得到休息這件事上，睡覺不是唯一的方式。

對於身體來說，如果醫療方式是被動的修復，睡覺是自然修復，冥想就可以視為自己啟動的有意識修復 —— 你說，哪個效果更好？

當然，對於絕大多數人來說，冥想再好也不能代替睡眠，各司其職，相互促進才好。睡覺前，運用冥想的方法放鬆身心，有助於提高睡眠品質。

013 冥想和催眠的區別

常有人認為冥想和催眠是相同的，尤其是那些被老師帶領的冥想。實際上，兩者有很大的不同：催眠讓人舒緩、放鬆，冥想不是，它是在放鬆中保持覺知，甚至在瑜伽的體位練習中，體驗動態冥想；催眠的好處更多是針對大腦的，可以改善睡眠品質，可以最大限度地激發腦電波，而冥想的好處是針對精神上的，但凡與精神相關的沉穩、平和、堅韌等都可以透過冥想來改善，催眠則不行；冥想可以有催眠的益處，比如改善睡眠，但催眠無法達到冥想的益處。

所以，即便在最初只需要有催眠效果，也建議你從冥想開始練習，堅持練習，以這樣的方式獲得更深入的安寧放鬆。

014　夢裡能夠給出的答案，冥想時更清晰

有些朋友，尤其從事與藝術相關工作的朋友，常將夢理解為「一種神奇的存在」，因為有時候被困擾的內容，在夢中突然就明白了，解開了。

心理學家說，夢是潛意識與我們日常狀態的溝通。所以那些重大的提醒，來自潛意識，在夢中出現。

我們冥想，是透過呼吸將心湖調節到沒有風吹過的寧靜狀態，甚至連水都開始因為澄清而安靜下來，可以從表面的意識（湖水），看見潛意識（湖底白色的小石頭）—— 讓溝通更快速、直接、敏銳。

015　冥想的專注與平常的專注

冥想需要的「專注」跟我們平常所說的「專注」是有區別的。

我們平常所說的專注，其實是一種思維方式，將自己的所有注意力集中於一點，或是將所有注意力從其他注意點上轉移開來，強行專注於一點。那些從一點轉移到另一點的部分裡，都含有「不要」，在能量的運用中存在對抗的意識。這需要有一

個「觀察者」(「操作者」)來調動和實現這一切,按照思維需要將所有能量集中於想要關注的一點。

而冥想的專注是一種全觀,是一種沒有刻意選擇的覺知,這份覺知中原本就攜帶我們所有的能量。分享我很尊敬的心靈導師克里希那穆提在《覺醒與冥想》中對專注的描述:「專注意味著不僅用耳朵去聽,而且要用心聽。專注還意味著去看、去觀察 —— 不僅用眼睛,而且還要用心。專注還意味著學習。觀察、傾聽、學習,這三者都是專注的內涵。」

016 冥想可以實現能量療癒

世間萬物的起源,來自震動。觀察生活中不同的聲響、顏色、味道,都對應著身體的不同部位。

如果說不同振動頻率的相對穩定匯聚了不同的物種、品類,而「不舒服」的感受則是指這些原本的振動頻率被打破了,除了能量層級變低以外,看似高速旋轉的紊亂其實虛「高」實「低」。

根據高能量頻率能影響和帶動低能量頻率振動的原理(回憶一下某些部位疼痛的時候,我們總是採用熱敷的方法,那就很容易理解了),長期的冥想練習,是透過淨化、精進,保持在一個高能量頻率的狀態,甚至與宇宙本源的能量振動產生更有力的同步,來調整和改善周圍人和事物的振動頻率。

目前的能量療癒有光療癒、晶石療癒、音樂療癒、芳香療癒、手療癒等，所有的器物都是媒介，而運用這些方法的療癒師大多需要以冥想為自我精進的管道。

017　忙碌的升級準備，冥想是最佳助力

生活不會總是一片坦途，我們在起伏中感受成長。那些需要跨越的「升級」考試，常需要我們擁有比以往多得多的精力和能力，比如從唸書到畢業，比如成為父親或母親。

一來過往的平衡被打破需要重新建立；二來你在應對一件過去未曾經歷的新挑戰；三來過往的一切慣性還在試圖固守。

我們分身乏術，又希望能夠凝聚心力去成功應對「升級」考試，每天固定的冥想練習可以幫助清空思維裡的雜亂，能夠藉由呼吸和有意識的身心連結而回到自己的中心，能夠啟動覺察跳脫出思維的局限。同時，還能在一定程度進行正位、伸展和肌肉的練習。

018　一個人的冥想

最初在我們自己無法進入冥想的狀態時，我們可以跟隨有經驗的老師一同練習，並在老師的指導下嘗試進入，感受身心的放鬆與寧靜。

當你已經能夠獨自進入冥想狀態時，多數的練習，都需要

在一個人的狀態下完成 —— 因為當你閉上雙眼，練習冥想，就是對自己的心意、思維、身體進行連結和感知，這時你與外界的人和事都沒有關係。

現代社會，每個人都有許多面具，當我們進入某些環境或面對某些人時，很容易激發我們的慣性，而一旦進入慣性，就不是冥想練習所要實現的覺察狀態。

所以練習的時候選擇一段時間的個人練習，是為了在免除「外界擾亂」的情況下，將所有的關注點回收，回到自己。

019 超越孤獨，享受單獨

對於冥想練習者來說，獨處是一件重要的事，獨處並不是讓你內心感到孤獨，只是讓你處在一個人的「單獨」狀態。當我們在周圍建立起一道拒絕的高牆時，我們才是孤獨的。

當我們拒絕所有的批評、所有的新思想時，大多因為我們害怕 —— 或許是因為我們曾經被傷害過，受傷的記憶還在，所以我們抵抗這樣的再次循環。

我們相信信仰，或者相信其他什麼，我們拒絕任何懷疑的意見以及對我們信仰的批評，這時我們也是孤獨的。

在這樣的孤獨中，我們漸漸變得「必須」以自我為中心，用行為鼓勵自己，「不需要」感覺與他人的連繫，這是絕望的孤獨。

不同於孤獨，單獨是我們每個人都需要的狀態，尤其是我們的內心。因為在獨處的時候，精神的自由才會還我們一個真實的自我。在獨處中，我們體驗美好的時光，獨處也是靈魂成長的必要空間。

如果我們能夠拋下所有東西，找回屬於自己的時空，學會純粹的獨處，那麼我們就有機會遠離所有的影響，無論是渴望、占有、消沉、束縛，還是其他，從而有機會深入自己的靈魂深處，覺察出自己最真實的感受，這樣才有機會超越孤獨、享受孤獨。

020 吃飯與冥想

現代人的生活節奏很快，想讓人每天抽點時間來冥想，似乎沒有什麼吸引力。所以不少朋友會選擇在飯後頭腦昏沉的時間，嘗試冥想。

實際上，在餓或者飽的狀態下，都不適合冥想。甚至在飯前、飯後的一小時之內，都不是冥想的合適時間。

拿吃晚飯來舉例，身體是一個運行細微縝密的「儀器」，當胃部吸收了食物之後，就會集中全身大部分血液、能量來「處理」這些進入身體的食物，自然靜坐是可以的，卻不適宜練習冥想，因為這樣刻意的練習分散了身體的血液、能量正常去往的方向，一來長期這樣對胃不好，二來這也違背了冥想順應自

然，滿足需要的同時覺察欲望的初衷。

餓了的情況下，比較難以坐得住，如果以「冥想 15 分鐘」就去吃飯作為與自己的交換代價，在不利於健康的同時，也違背了冥想放鬆、舒展、滋養的本意。

021 情緒波動大的時候不宜冥想

正常生活中，我們的情緒都會依據周圍環境或者人、事、物的變化而變化，情緒穩定的人非常難得。

理論上來說，煩惱都是由思維和想法產生的，冥想的狀態能讓我們看清這些思維和想法，並且放下它們，回歸平靜。

但在實際操作中，沒有長期持續的冥想練習的累積，很難當下有所覺知地從情緒中跳脫出來，去旁觀這一切 —— 而在這種時候，因為冥想的好處而要求自己此刻去冥想的做法，本身就違背了冥想的初衷。那樣的冥想，不過是離開了爭論的當下，換個環境，而至於能否從情境中跳脫出來，還是在情境和胡思亂想中越走越遠，也與每個人的根性和慣性有關。

最初練習的時候，不要選擇那些情緒有波動的時刻練習，盡量在心平氣和的時候練習。

022　適合自己才最重要

類似冥想的方法，存在於不同起源的修行文化中，擁有不同的名字和不同的修行路徑，但其中驚人的相似之處是：這些技巧無一例外是幫助冥想者拋棄關於過去、現在和未來的想法，將注意力集中到內心的感受上，尋找和體驗身心的寧靜，在此基礎上生出智慧。

由於根性、喜好等的不同，每個人對於教授方法的接收程度並不相同，對於老師引導的要求方式也不盡相同。不要因為某一位老師而排斥某一種冥想的方法，也不要因為一種冥想方法的不適應而排斥冥想這件事。

很難界定哪一種冥想方法最好，也無須花時間去評判好壞再進行修習。在練習過程中，有意識地關注感受的變化，找到適合自己的，別忘了所有的修行方法都是將你帶到「門口」，後面的路仍需自己體驗。

023　沉浸在冥想的心流中

美國心理學家米哈尹・奇克森特米哈尹提出了一種名為「心流」的理論，指的是一個人將心力完全投入某種活動中的狀態。心流的產生會有高度的興奮和充實感，它不同於刺激帶來的短暫興奮，而是在動機和環境完美結合狀態下產生的注意力、動力同時達到最優時候的狀態。

　　比如說，幼年時父母讓孩子洗碗，一種是被動、抱怨地完成任務，另一種是創造讓自己覺得舒服好玩的方式 —— 左手拋碗，右手接碗，甚至跟隨音樂律動跳洗碗舞 —— 後者愉悅享受洗碗的過程，正是心流狀態。

　　沉浸在心流狀態，不是取決於你做了什麼，而是你選擇怎麼做。

　　一如冥想狀態中的專注與感官被打開，持續地感受、享受過程。

024 冥想是一段旅程

　　要知道冥想是一段旅程。

　　冥想不是你可以完成的目標，比如試圖在工作中獲得晉升，將冥想視為實現某個目標的方法和途徑更為恰當（即便你的目標是要開悟）。比如在美好的一天漫步的目標是走一公里，是將注意力集中在冥想本身的過程和經驗上，不是將日常生活中分散你注意力的欲望和依戀帶入你的冥想練習中。

　　開始時，你不應該過分關注冥想本身的品質與時間長短。只要你在練習結束時感到更平靜、更快樂、更安靜，你的冥想就成功了。

025　打造一個冥想角落

　　冥想是向內的探索方式。為了能夠更安寧踏實地向內，我們需要讓自己在一個安全並且放鬆、不被打擾的環境中。

　　許多人會在家裡布置一個安靜的角落，放上喜歡並且能夠帶給自己力量感的物品，一把椅子或是一張瑜伽墊，幫助自己靜心。如果你還沒有這樣的場所，建議你可以現在就動手為自己整理這樣一個地方，就像是你與自己祕密約會的地點。

　　音樂、熏香、蠟燭不是必備的，你需要根據自己平常的喜好來進行準備。從能量的角度來說，這些都會為你營造某種「場域」，幫助你與外界紛擾的環境區分開來，更好地安住在當下。你也可以把這些理解為一種儀式感，提醒自己這個時間是與自己相處的時間。但所有的準備都需要從你的自身喜好出發，以達到放鬆為目的。

　　另外，你需要保持這個地方的乾淨、整潔，以守護這個你為自己建造的能量場。

026　不建議在床上冥想

　　儘管許多人覺得在床上最放鬆舒適，但是我不建議你在床上冥想。

　　第一，冥想與睡眠雖然都有讓人放鬆、補充「能量」的效果，它們卻是兩件不同的事。冥想能夠帶來更深層次的休息，

同時訓練機敏的覺察力，讓心智更加自由。

第二，由於睡眠習慣不同，過軟或過硬的床不僅不利於我們進入冥想狀態，反而會損害身體健康。

第三，許多人在床上會習慣性想要入睡，而冥想是有覺知的休息，在床上的練習難以保持覺知，也會導致冥想帶來的思想清明之後難以入睡。

建議你在瑜伽墊或是專門的坐墊上進行練習。若身體條件不允許，在椅子上也是可以的。

027 脊柱的重要性

脊柱是人體的中軸，有支撐體重、促成運動、保護脊髓、造血的作用，對人體健康有至關重要的影響。長期不正確的坐姿，或長期保持一種姿勢沒有伸展放鬆都容易造成脊柱的多方面問題，如脊椎側彎、腰肌勞損、頸椎過度彎曲等。

在冥想練習過程中，最重要的一點，是保持我們的脊柱處於「直」的狀態。由於脊柱有頸椎和腰椎的自然彎曲，所以無須刻意把身體變成一條直線，但要確保頭部、頸部和上半身軀幹保持在一條直線上，可以自由地利用橫膈膜的運動來幫助呼吸。

我們透過冥想的方式讓身體放鬆，還原和修復脊柱，長時間堅持練習，你將從體態中真實感受到自己的變化。

028　坐姿中需要保護腰椎

在瑜伽冥想的練習中，坐姿的部分我們可以採用散盤、半蓮花式、全蓮花式的方法進行，但在坐的過程中，注意我們的膝蓋需要平於或是低於髖骨，這樣才能確保在脊柱直立的過程中，遵從腰椎的自然弧度，在放鬆中修復，不用為了保持脊柱的直立而損傷腰椎。

不良坐姿導致的腰椎不適，除了沒有坐正以外，還有膝蓋高於髖骨之後帶來的壓迫。如果在冥想的時候沒有辦法保持這一點，可以透過在臀部後側添加墊子的方式來抬高臀部。

029　瑜伽手印的意義

許多人以為在練習瑜伽時雙手擺出的動作只是擺設，但其實這些手印的外相與瑜伽內在的心念有深層的連繫，進而構成瑜伽整體的姿勢，是瑜伽的另一種表情與語言。

手印，又稱印契，是修煉瑜伽時手的姿勢，是手部的瑜伽。瑜伽手印象徵著特殊的願力與因緣，會產生特殊的身體與意念的能量，有助於引導人們了解瑜伽世界的奧祕。

每根手指代表怎樣的意義呢？

拇指是意志力的象徵，代表火；食指是自我的象徵，代表被有意識的頭腦所控制的能量，代表風；中指象徵黑暗力量，常被用於病態表達，代表空；無名指象徵靈性力量，接近於自然，代表地；小指被稱作謙卑的手指，象徵才智得以展現，代表水。

030 常用的三種手印

冥想時，為了讓精神進入更深層的安定，我們也需要調整姿勢到可以保持一段時間的狀態，手印也不例外。

冥想時常用的手印有三種。

- **智慧手印**：雙手放在雙膝上，掌心向上，大拇指與食指相扣，其餘三指自然伸展，保持有覺知而不鬆散。這個手印能把自身能量與大宇宙的能量融合在一起，可以讓人很快進入平靜的狀態，提升冥想成效。

- **結定手印**：雙手掌心向上相疊呈碗狀，左手在下，兩拇指交接，放於腹部前方。這是一個比較傳統的手印，多用於長時間冥想，意味著「空而充滿著力量的容器」，是幫助修定悟靜的首選手印。

- **合十手印**：雙手於胸前合十，手掌間留一些空間，手指伸展，指向上方。這是一個陰陽平衡手印，意味著身體和心靈的合一、大自然和人類的合一。這個手印可以增強專注力。

031 最簡單的直角坐姿

因為我們需要穩定自己的身體在冥想狀態 15 分鐘或以上（如果可以的話，請從每天 15 分鐘開始），所以一個舒適、穩定的坐姿非常重要。

如果你是零基礎，平常也沒有盤腿坐的習慣，你可以從直角坐姿開始練習 —— 找一把椅子，注意不要讓身體陷在椅子裡，臀部稍微朝向邊緣坐下，膝蓋、雙腳內側併攏，小腿與大腿呈現 90 度夾角，上半身與臀部也呈現 90 度夾角，保持穩定（這樣可以確保我們的腰椎回到最初位置）。

相信自己的感受，將脊柱直立，頸椎自然彎曲，頭部、頸椎、脊柱在一條直線上（感覺上會有一點點後傾），肩膀放鬆，雙手自然放在雙腿上，準備進入冥想。

032　從簡易坐開始

如果你的身體柔軟度比較好，可以嘗試從簡易坐開始進入瑜伽的冥想練習。簡易坐是非常簡單的坐姿，相對來說舒適度也較高。

先用墊子墊在臀部下方，給腰椎自然伸展的空間，雙腳向前伸直。將右腳彎曲收回放於左大腿根側，再將左側小腿彎曲放於右大腿下方即可。雙手呈瑜伽智慧手印放於兩膝之上，將頭、頸、軀幹保持在一條直線上，脊柱向上伸展，保持肩膀、手臂的放鬆，可以勻暢呼吸，這樣就可以開始冥想練習了。

簡易坐除了練習難度低之外，還有利於股、踝關節變得靈活。

033 蓮花坐，內心喜悅盛開

在身體有一定的練習基礎之後，推薦大家採用蓮花坐的坐姿進行瑜伽的冥想練習，因為這個姿勢更有利於直身端坐，使呼吸系統毫不受阻，利於引發更為有利的呼吸。

· **半蓮花坐**：坐在瑜伽墊上，雙腿併攏向前伸直，左小腿彎曲，將左腳跟放在右大腿根處，屈右膝，收回右腿，放於左腿下方。髖部外旋，盡量讓雙膝貼放在地面上，雙手呈瑜伽的智慧手印放於兩膝上。

· **蓮花坐**：坐在瑜伽墊上，兩腿併攏向前，彎曲右小腿，髖部外旋，右腳跟放於左大腿根部，腳心向上，再將左小腿彎曲收回，將左腳放在右大腿上面，腳心向上。盡量讓雙膝貼放在地面上，肩背平直，下顎微收，智慧手印，準備開始冥想。

（注意：蓮花坐坐姿難於半蓮花坐，需要一段時間練習之後才能做到。無論半蓮花坐還是蓮花坐，最初由於身體的不適應而導致發麻，也是正常現象。隨著練習的堅持和深入，這些情況都將得到緩解。）

這樣的坐姿儘管導致流向下半身的血液減少了，卻和在椅子上的普通坐姿不同，不會發生充血現象，有助於使人的身體進入穩定而安寧的狀態，保持思維的活躍與警覺。

034 宇宙的起點 —— OM

在瑜伽的世界裡，宇宙的起源是星球中微微的、嗡嗡的聲響，這些聲響來自物體能量的頻率發出的音波，後來這些音律像滾雪球一樣，越累積越強大，能量越強，包括生物在內的很多事物便誕生了。

「OM」就是這最初原始的震動聲音，還有人寫作「AUM」。

當我們唸誦「OM」的時候，我們就是在以這樣的方式，回到最初，回到起點，無論我們出發了多久，走了多遠，那個「最初」一直在，所以當我們能夠再一次識別它、遇見它的時候，我們也在以這樣的方式找回自己。

當你非常疲憊的時候，也可以透過這樣的方式調整內在，與宇宙和自然連結在一起，在感受更廣大的平靜安寧中，重拾力量。

035 儀式感

有人覺得儀式感是裝模作樣的一件事，我覺得不無道理 —— 但那是以旁人的角度來看有著儀式感的這個人。而對於正在進行儀式感的人來說，他們正在用儀式感讓自己徹底明瞭：我要進入一個新的狀態了。

在家裡建立一個瑜伽冥想臺，準備好自己的身體（頭、

頸、脊柱在一條直線，膝蓋低於髖骨，坐穩），這都是儀式感的一部分。這些準備工作做好之後，用這個姿勢啟動每日的冥想：

雙手合十於胸前（中間留空，感受謙卑）；呼氣，整理心境，調整呼吸道；深深吸一口氣，如果可以，盡量到達腹部；呼氣，嘴部微張，唸誦「OM」；吸氣，呼氣念「OM」三次。雙手放回到雙膝上，呈瑜伽智慧手印。開始冥想。

036 從呼吸開始

當我們已經做完三次深呼吸的「OM」唱誦之後，將雙手放在雙膝上，掌心向上，智慧手印，再次確保頭、頸、脊柱在一條直線上，下巴微收，輕輕閉上雙眼。

深深吸一口氣，將所有的注意力放在自己的呼吸上，感受呼吸經過喉嚨、胸腔、腹部，感受每一次呼吸與前次呼吸的細微不同，感受身體因為專注而安靜下來的穩定，感受每一寸肌膚、骨骼、器官的放鬆和它們的「呼吸」。

保持在這樣緩慢深長的呼吸中。

037 掃描你的身體

在經歷了前面的呼吸練習之後，通常 10 分鐘左右就會慢慢進入只有呼吸的狀態。

感受呼吸是我們的內在與外界進行能量交換的「閥門」，每一次吸氣，是能量的攝入，每一次呼氣，是壓力和焦慮的釋放。

當可以穩定在這樣的狀態，再慢慢用意念掃描身體。

穩定深長的呼吸就是療癒的力量。

從雙腳開始，腳尖 — 腳心 — 腳背 — 腳踝 — 小腿 — 膝關節 — 大腿 — 髖部 — 骨盆裡的器官 — 腰腹 — 腰腹的內部器官 — 胸腔 — 胸腔內的器官 — 肩膀 — 上臂 — 手肘 — 前臂 — 手腕 — 手心 — 手指尖 — 手背 — 手腕 — 前臂 — 手肘 — 上臂 — 肩膀 — 背部（自上而下）— 背部（自下而上）— 肩膀 — 頸部 — 牙齒 — 嘴唇 — 臉頰 — 鼻翼 — 眼瞼 — 眉毛 — 額頭（尤其雙眉中間第三眼的位置）— 頭頂（皮膚、毛髮）— 整體。

我們可以以這樣的方式，重新建立與身體的連結。

038　感受身體的緊張

當我們在掃描身體的時候，很容易感受到平時不曾感受或是容易忽略的緊張，比如腳背、腳踝，或是腰椎、頸椎，還有肩膀。

這種緊張分成兩種狀況：一種是由於平常不曾這樣「關注」過它，像極了幼年時你仰慕的對象突然回頭看了你一眼，一個微笑，你就會心跳加速緊張；還有一種，是由於平常不曾以這樣的方式「放鬆」著，讓身體跟呼吸連結在一起，產生了「與

以往不同」的緊張。

　　無論是上面哪一種，當你在冥想中感受到這一切的時候，請記得：新的循環的建立，新的與身體溝通方式的建立，需要時間，也需要你腳踏實地去實行這一切，所以如果你感受到了這些部位的緊張，請別急著略過它，將呼吸帶入那個緊張的部位，放慢呼吸 —— 想像每一次呼氣就是排出壓力與緊張，而每一次吸氣則是帶入新的能量，讓它得到滋養、放鬆，重新強壯起來。

　　由於不常以這樣的方式坐著而帶來的各種痠痛感，隨著練習時間的加長，這些「症狀」都會得到緩解，你會越來越感受到緊張之後全然的放鬆，這也是在為我們進入冥想狀態時掃除身體的障礙。

039 冥想時痛的體驗

　　通常意義上我們所說的冥想，大約都有一個姿勢，即「靜坐」。即便雙腿是按照自己覺得舒服的方式進行盤坐，如果沒有經過長時間的練習，也很容易在進行階段性長時間冥想時，成為下一階段的障礙。

　　絕大多數情況下，我們會從 15 分鐘開始，逐漸嘗試延展到 20 分鐘、30 分鐘、40 分鐘，乃至 1 個小時。

　　如果身體沒有做好準備，我們在冥想的過程中就常會有痛

的感受，尤其那些平日裡過度緊張或無法緊張的部分，都在冥想過程中更容易被覺察到。

如果按照慣性，痛了，我們就想解決，調整姿態 —— 這恰恰是被痛牽著走的。所以如果過程中出現這樣的感受，嘗試面對它，如實體驗它，引入呼吸放鬆它，才有可能「穿越」它，從痛體驗到樂，或者「無」。

040　冥想時身體的其他反應

很多人都會在最初練習打坐的時候發現身體的這幾種狀況：痛、麻、痠、癢（此處分享借鑑了聖嚴法師關於打坐反應的說法）。

· **痛**：頭痛和心痛基本上是真的有病症，其他的比如腿痛、腰痛、肚子痛都屬於正常現象。
· **麻**：通常發生在腿部，一種是站起來時覺得兩條腿不是自己的，另一種是腿上的一塊皮膚有被麻痺的感覺。
· **痠**：通常發生在腰部或者關節部位，像平常使用過度的痠脹的感受。
· **癢**：皮膚癢，或者是骨頭癢。

以上都是冥想時會出現的正常狀況，都不用緊張，痛、麻、痠的部分，通常在一段時間的輕微按摩之後會有效緩解。而癢的部分，皮膚癢通常是在透過毛孔將體內的濁氣或油垢排出，骨頭

癢則是經絡的氣脈不順，不用去管它，一段時間之後，這樣的感受也會自行消失，代表著你身體的淨化和經絡的暢通運行。

041 你不是念頭，念頭也不是你

在開始冥想練習的時候，經常發生這樣的情況，當我們需要將心意集中在呼吸上的時候，這件事情似乎「還比較容易做到」，即便一瞬間心意飄散出去了，突然反應過來的時候，我們也可以嘗試著再次將注意力拉回到呼吸上，因為我們清楚地知道，此刻呼吸是主線。

但當呼吸穩定，我們不再需要將心意約束的時候，一切似乎變得複雜起來，頭腦中開始像平日一樣，升起許多念頭，從一個點，快速跳到另一個點，甚至比平日裡速度還要快，且更加無所顧忌 —— 一開始可能只是想到天氣冷了，接著就跳到糖葫蘆、北京、某一年、某一個事件……樂此不疲，像是一場頭腦或思維的狂歡。

如果在這條路上跑下去了，就不是冥想。

冥想也在經歷這一場狂歡，所不同的是，它不是參與其中的人，而是看見這一切正在發生的「旁觀者」。

想法，總在無所準備中就添加了許多主觀意念。

旁觀者的觀察，總能比當事人更全面、更客觀、更容易接近「真相」。

念頭在你頭腦中升起，卻不是你。

你是念頭發生的所在，你是能夠覺察到這一切的那個存在。

042　進入冥想的狀態

許多人常常好奇，怎麼才算是進入了冥想的狀態？

我們先來說說「梵」。在古代印度人的認知體系中，梵是至高無上的存在，是宇宙和萬物的本源，瑜伽是幫助我們實現「與梵合一」的重要通道，透過瑜伽制戒、內制、體式、呼吸、制感、專注、冥想、三摩地的層級練習，可以最終與梵合一。如果世間萬物是從梵演化而來，那麼我們也是。

只是由於不同的成分、不同的排列組合方式成了此刻獨一無二的你，除卻別人眼中的你和自己眼中的你，你是廣袤宇宙中一個小小的部分。世界更高一級的存在透過你而運行 —— 你是通道，你與萬物相連，你就是萬物，萬物就是你，無喜無悲，無快無慢，你就是存在本身。

冥想之所以能夠為人的身心靈帶來滋養，正是因為在這個階段我們重新與「母體」相連結，獲得最初最純粹、最原本的能量。

043　冥想中的觀想是怎樣一回事

很多人家裡的冥想臺上，總會有一個固定出現的形象，尤其是那些有宗教信仰的人，有些是佛陀，有些是觀音，有些是上師畫像。

人們往往以供奉的形式與自己認為有連繫的更大存在力量進行連結。久而久之，那一位「神聖」的形象會更形象具體，

對於總會遇到困難的普通人來說，相信「神聖」會給予幫助，具有某種難以言喻的安全感 —— 這種信念本身就蘊含力量。

不同的「神聖」之門有不同的世界觀或修習法門，雖然描述的是同一個世界，卻有不同的路徑和重點。連結，是走上一條「自己選擇」的修習的路。

冥想中有「神聖人物」的觀想，由於人的「清淨」，更容易實現連結。所以如果有宗教信仰，可以在冥想的時候嘗試在第三眼的位置觀想，來與更高能量連結。

044 緩解視覺疲勞的冥想練習

在現代社會中，眼睛要不斷抓取周圍變化的訊息，適應電腦、手機等各類螢幕，所以需要冥想的滋養。

選擇一個遠離螢幕的環境，光線較暗，或坐，或站，或躺。穩定後，需要先嘗試呼吸練習，讓全身漸漸放鬆下來，然後輕輕閉上雙眼。將雙手扣放在眼皮上，輕輕地，掌心向內，感受眼皮接觸到的手心的溫度，讓雙眼沉浸在黑暗中。

當眼睛適應黑暗時，開始觀想一片葉子，從樹枝上呈現出的這一片葉子，嫩綠的顏色，清晰的葉脈，甚至葉子周圍淡黃色光線，整潔而有生命力。

觀想雙眼距離葉子越來越近，甚至走進它，融入它，眼簾裡是一整片綠色，慢慢呼吸。

三分鐘後，輕輕放下雙手，緩慢睜開雙眼，適應光線。

045　觀想首飾，進入冥想

許多人都有戴首飾的習慣，或是喜歡的項鍊，或是喜歡的手串。因為戴得久了，便漸漸與自己的身體、生命連結在一起。

找一處安靜、不被打擾的空間，輕輕閉上眼睛，從深呼吸進入冥想狀態。想像著你平常最喜歡的首飾，漸漸開始閃耀靈巧的白色光芒，以緩慢的節奏旋轉著，逐漸變大，大到漸漸將你圈在中央，以它的白色光芒給予你：溫柔的滋養，平和的力量。當整個人像泡溫泉一樣沉浸在這串首飾帶來的寧靜氣場中時，你會得到深度休息。

這也是我建議大家佩戴天然首飾的原因。

046　觀想雪花會帶來清涼

炎熱的時候，都市人的習慣性反應是開冷氣，吹電風扇，希望藉由外界環境的改變來調節自身感受 —— 似乎只需要按一下遙控器，然後就不需要做什麼了。

換個角度想，我們的身體在外界高溫狀態下，需要自動調節適應，進入房間裡，在短時間內又要調整適應溫度變化，來回循環往復，其實是在損耗身體。

換個思路，當你感受到熱，找個陰涼的地方坐下來，閉上眼，將注意力集中在呼吸上，並嘗試將它放慢下來。觀想在眉心的位置，零星開始有雪花飄落，一片一片的，然後漸漸，你

看向其中一片，六角形的雪花向周圍伸展，每一條棱柱又彼此相連，在緩慢旋轉，掉落。

心靜，自然涼。

047 冥想中的觀者與被觀之物

在冥想練習中，我們藉由呼吸開始將關注點向內調整，嘗試將所有的知覺回收，來感受內在。

我們發現氣息經由鼻孔進入，感受到胸腔的起伏跳動和腹腔的變化，甚至可以感受到血液在身體的流動，心臟的跳動。我們「看見」頭腦中出現的念頭。這個「我們」是誰？

向內的旅程是開啟覺察，覺察開啟的重要過程之一就是區分觀者與被觀之物。觀者是我們，被觀之物還是我們，但兩者又有明確的區別。

在《瑜伽經》中，稱觀者為「真實自我」，稱被觀之物為「本性」。

048 觀者與被觀之物是什麼關係

在冥想過程中，絕大多數時間，我們會發現觀者與被觀之物是一體的，它們存在於同一個身體中。

《瑜伽經》認為，被觀之物，因為觀者而存在。如何理解這句話？我們可以從對外部世界的探索中，來了解這兩者之間的

關係，因為除了向外與向內的角度不同，其他都相似，以外在的關係來理解，更容易分清觀者與被觀之物。

當我們在看樹的時候，樹客觀存在，但有多少人能夠感受一直存在於上下班途中的這棵樹——在很多人的主觀印象中，它不見得就是存在的。而在那些「允許」它進入內心的人眼中，它是存在的，一些人看到的是春天的綠，一些人看到的是秋葉逐漸濃密，因為人的不同，而「它」卻不盡然是同一個。

換回到我們自己身上來說，被觀之物（本性）的存在，是為了讓觀者（真實自我）去發現、了解，而且因為觀者練習程度的不同，對於被觀之物的了解範圍及深淺也不同。

這也說明，為什麼在冥想中我們越來越了解真實的自己。

049　練習冥想一段時間之後的煩惱

練習冥想一段時間之後，通常會有三種煩惱。

第一種，身體能夠坐住了之後，沒有更多新的感受出現，也不知道會有什麼新的感受出現，似乎每天的練習無意義。

第二種，問過許多人，讀過許多書，大約知道下一階段是怎樣的狀態，卻在練習過程當中，難以覺察進步，進入新階段。

第三種，看似相信老師的引導去學習，卻無法理解老師的教導，不斷以「標準」懷疑自己，將重心放在「老師」而非自己身上，總想著比對教導，「循規蹈矩」地往前走，在「迷信」老

師的掉以輕心和充滿懷疑的「不過如此」之間不斷搖擺，在做「冥想」這件事，卻與冥想背道而馳。

我想說，要有一雙敏銳的眼睛、一顆敏銳的心，發現自己與周圍環境中微小細緻的變化不是一件容易的事。我們透過每天的冥想，精進自己的覺察能力，在足夠的量變累積之後，才有質變發生的可能。

上面的三種煩惱還顯示出一個問題：太著急了！

你需要練習耐心。

050 白噪音的魅力

很多人喜歡在學習或是工作的時候開著白噪音作為背景音，幫助自己更有效地提高注意力。

所謂白噪音，可以簡單理解為同一頻段聲音的無限重複，像下雨時均勻落下的雨聲；像夜晚寧靜海邊同一節奏拍打的浪花……這種聲響被許多實踐證明可以在一定程度上造成聲音治療的效果，可以輔助治療一些精神類的疾病。

還有一些人利用白噪音來把一些可以打斷他們正常睡眠的聲音弱化。那些夜晚鐵道附近的轟隆聲，以及狗叫聲，甚至你配偶的打鼾聲等都可以被白噪音的「封鎖」功能弱化。

其實，白噪音是來自大自然的聲音暗示，是與自然連結的方式，透過不斷循環而形成一個固定的「場域」，使裡面的一切維持在一種平衡和穩定中。

051　簡單的空靈鼓也可進入冥想

空靈鼓是一種 2000 年之後才產生的新生樂器，因效仿編鐘而生，玩法更加多樣，用鼓槌或手敲，會有不同的節奏。

如果把人體想像成為一個與外界連通的裝置，五官是輸入，那麼講話、書寫、繪畫、音樂都是輸出。

而人與世界的連繫，除了我們可以在同一個時空、同一種頻率下，更重要的是，我們需要經歷輸入輸出的過程，並在這個過程中給予屬於自己的「創作」。

所以拿起簡單、怎麼敲都不刺耳的空靈鼓，找到自己聽起來喜悅舒心的節奏，無須顧忌音律，重複，再重複，就容易在自己製造的白噪音中進入冥想的狀態。

052　音樂冥想，聆聽宇宙調和之聲

在音樂的包圍中，放鬆自己僵硬的身軀和思想，在安靜的音樂中讓一切思緒趨於平穩，這也是現代都市人在壓力下獲得深度休息的最佳途徑之一。

在音樂冥想的過程中，不需要遵循固定的設定方式，選擇自己覺得舒服、放鬆和喜愛的音樂，用一個舒適的姿勢，專注地聽，讓音樂如暖流般漫過倦怠的心靈，就能夠重拾久違的安寧平和。

開始前最好先透過呼氣的方式排除體內濁氣，再用鼻子吸

氣，啟動深呼吸，吸收周圍的平和喜悅。聽音樂的過程中，全身心融入音樂即可，並且以「感謝」的心情去聽 —— 就可以在短時間內放鬆，恢復精力。

053 在動態中感受冥想

如果已經意識到自己坐不住，或者是階段性心煩意亂無法靜下來冥想的話，還有一些方式是可以讓自己在動態中體驗冥想的感受的。

為什麼在動態過程中也可以感受到冥想的力量？

首先，冥想的核心和目標是感受、覺察內在，在過程中識別、放下思維和想法的幻象，與世界的源頭連結。這是核心和目標，不是方式。

其次，沒有永遠的靜止，運動或變化是永恆，而動和靜原本是相對的，也相互對比存在，所以我們可以在冥想的「靜」中覺察「動」，也可以在某種「動」中感受到「靜」。

最後，每個人都是獨一無二的個體，喜靜和喜動是性格，但也可以理解是進入冥想的兩扇不同的門，入門之後，以其中一個為基礎，感受另一個，並且理解作為整體的它們。

所以坐下來不是冥想唯一的方式，在一定階段之後，可以嘗試感受動態中的冥想。

054 在行走中體驗動態冥想

陳坤有一本書叫做《突然就走到了西藏》，裡面講述了他自己在行走過程中的感悟。他每年都做「行走的力量」體驗活動，希望更多人可以在行走中感悟自我。

行走，就是動態冥想的一種方式。注意是行走，不是散步。在行走過程中，當我們已經調試好了行走這件事，身體可以直接與環境不斷融合，然後在單一、重複的過程中，心念會逐漸沉澱下來，會漸漸清明。當然，這需要一個相對穩定的環境（比如固定的操場、公園便道），也需要一個相對比較長的行走時間（最初以這樣的方式練習的時候需要 40 分鐘或以上），方便讓身體進入狀態。

如果你經驗過不需要說話的遠足或路程，相信你可以理解我所說的。如果沒有，可以參考大漠、草原中的開車前行，周圍的環境非常相似，一直在動 —— 可是就在這樣的「動」中，你會清晰感受到「靜」 —— 兩者是一樣的道理。

如果你喜歡跑步，那麼我會建議你選擇在跑步機上跑步，以免除由於跑步而帶來的周圍環境的快速變化。快速變化的環境，需要保留部分注意力，而這樣的「刻意」會阻礙進入冥想狀態。

055 多種方式體驗動態冥想

以行走為例，我們可以依據簡單、重複、需要操作、有相對穩定的規律這幾大原則，來看看生活中還有怎樣的方式可以體驗動態冥想。

傳統的手工織布，在不需要加入花紋的前提下，進行簡單重複的動作；以簡單的針法編織，不需要考慮織對或是織錯，只需要雙手配合好，以某種動作延續下去；寫同一個字，或者畫同一個圖案，不為練習、不為創作，只是去寫去畫；雙手打磨，如盤玩珠子一樣地打磨，拿著珠串以某種節奏活動，或者只是簡單地搓麻繩……

如果覺得好奇，或者感興趣，都可以試一試，會有安寧、穩定、平和、喜悅的冥想感受。

056 除了動手還可以動口

如果前面的動態冥想方法，你都覺得太麻煩了，或是難以激起去試試的興趣，還有一個最簡單的方式可以嘗試，也是偷懶的我比較常用的。

找一個相對比較安靜的空間，一段不會被人打擾的時間，找到你比較喜歡的一段唱誦音樂，或是佛教裡面的各種唱誦版本的「咒」── 這些唱誦都是非常簡單的重複，跟隨這些音樂哼唱，開啟單曲循環模式，就可以體驗了。

與前面動態冥想的其他方式相似，在最開始，你都需要去「適應」這個旋律或者循環，剩下要做的事，就是在唱頌過程中，去感受自己。

當然，唸誦也會造成這樣的效果，這也是為什麼許多修行的人在唸誦經文或咒的時候，熟悉之後會越來越安靜、穩定、有力量。

057　感受宏大壯闊的大自然

你有沒有試過安靜地坐在一個地方，觀賞日出或者日落？

如果沒有這樣的經歷，就想像一下，攀上一個高峰之後一覽眾山小的感覺，或者是登上高樓之後遠眺窗外的風景 —— 想像一下，當宏大和壯美的景色出現在眼前的時候，你是怎樣的感受？

有沒有一瞬間，你覺得「沒有了自己」，整個人全身心融入了這個壯美之中，並且在這種融入中感受到了生命力？

進入冥想狀態，經過了沉穩呼吸的關卡，可以看見、放下自己的思維想法之後，就有機會體驗自己的這種「空」，與自然融為一體的感受，並且在這樣的融入中，獲得來自自然的滋養。能夠實現這樣效果的短時間冥想，對精神的放鬆以及身體器官的修復，都有非常好的效果。

058 冥想的練習有助於面對真實的情緒

什麼是真實的情緒？

是當人、事、物突然出現的時候，你的最初反應。很多時候，由於現代社會教育、職業的訓練，我們常以事情為中心而忘記了自己的感受，所以一天下來，我們會積壓一些自己情緒上的能量，尤其是那些不好的部分。而對於這些負面情緒的處理方式，如果不能平緩釋放，我們便常常會以抽菸、喝酒等方式釋放。

冥想就是清理和放下的過程。

如果在冥想中，你已經能夠面對這些情緒，感受自己流淚，釋放壓抑的內在，你將比絕大多數人更有勇氣面對生活，從而能真正感受到你的內心：你真正在意的，你期待擁有的，你不捨的，你遺憾的……這些都是為了讓你知道如何更全面地汲取生活的養分。

不自我折磨，有勇氣表達，這是長期的冥想練習帶來的智慧與勇敢。

059 如何面對冥想時不願面對的情感體驗

在冥想過程中，總有些內容「跳出來」，阻礙我們運用冥想的能力，這通常是出於恐懼 —— 我們害怕面對心中還沒有被自己認可的感受和情感。

回到冥想的本質，我們運用冥想的方法與世界的本源合一，一切所謂的「有」和「沒有」都來自同一個源頭。所以，沒有任何東西能夠傷害到我們，我們之所以會陷入困境的泥沼，是因為我們害怕體驗自己的感情。

日常生活中，被思維壓制的部分，常常在冥想中「自動」跑出來「透氣」，提醒你去面對。當我們正視它的存在，才會發現那背後隱藏著我們真正的需求，比如需要被愛、需要被理解、需要被溫柔對待。

前行的目標已經出現，接下來的生活中，就可以以這樣的方式對待自己，冥想中，看見、感受，去擁抱，這就是開始。

060　想像那聖潔的白光

在瑜伽的傳統中，我們的體式練習也好，冥想也好，都是為了回到本源，與梵合一。世間萬物的不同，是組合方式、形態和階段的不同，萬物從自然中生長吸收的道理卻是一樣的。那些天然的存在比人更具有穩定性和力量，比如水晶。所以在身心靈療癒的類別中，有一個分支叫做晶石療癒。

白水晶是晶石療癒中非常重要的一種，被稱為「水晶之王」，擁有淨化、純淨、安寧、療癒的自然力量。

在冥想中，當你異常疲憊，或某個部位需要被關照，你可以採用光冥想的方法。當呼吸進入穩定狀態之後，用意念來

「呼喚」白光出現，讓自己籠罩在白光中，或者是讓需要滋養的部位被白光溫柔按摩，透過呼吸，讓它放鬆下來，得到休息。

如果很難想像，可以在冥想之前先盯著你身邊、手邊的白水晶看，觀察細節，然後在冥想中想像它的姿態，去感受它。

061 進入不同的維度空間

當冥想練習了一段時間之後，你很有可能在過程中見到五顏六色的光，會見到某些神奇的人、事、物、圖畫或者影像，又或者是聽到某種聲音。

為什麼閉上眼仍然看得見？眼睛所見的只是世界的一個維度，閉上眼所見的是另一個維度。有些人見到觀音或是某位菩薩，欣喜若狂；有些人見到多年前去世的親人的面孔；有些人見到清晰的卻從來沒有見過的人……這些都是會在這個階段出現的。

但如同最初頭腦中各種思維的狂奔一樣，這些來自另一個維度的突然遇見也是「過程」，還未到達「終點」。

儘管到達這個維度通常會覺醒，進入更徹底的放鬆，而見到這一切，覺察到自己見到了這一切，不陷於其中，收回自己的心念，這是冥想的修煉。

062　如何應對冥想中出現的靈動

堅持冥想一段時間之後，由於個人身體的差異，常會有各種「靈異反應」。比如：你「聽到」與你親近的人正在說的一句話，你「看到」某個人在做某事……當你冥想結束後去求證，這些反應被一一應驗，你以為自己獲得了某種「神力」，開心雀躍。

與佛教修行中「神通」只是其中一個階段一樣，這些靈動反應是在某個時間、地點、環境下你以某種可以感知的方式感受到的能量震動，是「收到」，甚至在最初練習的時候，我們很難區分這是幻象還是「收到」。

所以當有這樣的靈動反應發生的時候，感謝自己又朝向這個世界打開了一些，也記得不要被這些反應「迷惑」。冥想不只是放下情緒、念頭，也是放下來自外界的影響，回到自己的核心，穩定下來。

063　冥想中出現的人、事、物是什麼意思

世界由許多不同的維度組成，各個維度也以自己的方式存在著、交流著。

冥想過程中出現的思維，重點在於「想」—— 計劃即將到來的，總結已經發生的，這是思維的工作，而不是冥想。

照見思維，放下，回到冥想的核心時，那些無法解釋的出

現在冥想過程中的人、事、物,可以理解為另一種方式的喚醒或提示。就像那些頻繁在你夢裡出現的人,總有一些原因在那裡。

在判斷「為什麼」之前先去連繫,實現連結,才有機會理解這一切背後的原因,而這,更靠近經歷的原本意義。

064 敏感的人需要多練習冥想

一個人敏感,意味著他與這個世界的連結性較好,可以感知到許多不同的內容,加上想像力,他可能非常有創作潛力。而敏感的人需要學習的第一步,是學習區分、學習保護自己。

- **如何理解「區分」?** 在當下真切感受到的驚嚇、害怕、快樂、雀躍不一定都來自自己,有可能來自環境以及環境中的某個人。

- **為何要保護自己?** 有句俚語叫「響鼓不用重錘敲」,意思是輕微的不同就可以被感知到,不需要用很強烈的方式。如果不能識別對方是敏感的人,而用了慣用方式的話,敏感的人容易受傷比較深。

冥想是一個很好的過渡和清理過程,在冥想中整理自己的情緒脈絡,才有可能在下一次感受到的時候做出區分:這是來自我的情緒嗎?

065　適合冥想的時間點

一天之中有兩個時間點非常適合冥想：一是早上太陽初升之時，我們可以感知到太陽的能量，開啟新的一天；另一個是晚上比較寧靜的時間，月光籠罩，清涼的智慧之光，讓整個人安靜下來，得到滋養。

覺知之火，不是熱烈的紅，而是如月夜一般的藍。因為擁有覺知的智慧，人不會衝動或頭腦發熱，而是穩定的、不慌亂的、緩慢的、堅定的。

月亮與潮汐的關係眾所周知，所以常用月亮、大海表達陰性力量的包容、創造、巨大、變化，而月亮本身也帶有這樣的能量。

在難得的大滿月、月全食之時，月亮強大的力量正以自己的方式影響地球磁場，在這樣的日子裡做冥想，非常有助於接收能量，重新整合自己。

許多人喜歡在農曆十五前後冥想，也有類似的意思。

066　破開雲霧之後照見了什麼

最初開始冥想的時候，我們處於學習的「進入式」，像一個努力學習的孩子接觸新的事物，在適應了解一段時間之後，能夠感受到身體的恢復與精神的放鬆，甚至能夠跟周圍的環境（宇宙）連結在一起，以新的方式感受太陽、月亮、雲霧、花朵、樹木、河流 —— 然而，這一切並不是避世的樂園。

在冥想中覺察，放下了許多無明、無妄帶來的欲望之後，我們才能夠識別那些對我們來說珍貴的、內在的真實需求。柔軟的內心在觸碰到這一切的時候，你就會感受到，這是不需要用語言來解釋，語言也解釋不了的，你的全身心開始變得真正柔軟起來。

在經歷了與自然的融合之後，我們能夠跳脫「我自己」的局限，從更高的角度看自己、看需求，從而因為不同的心態而做出不同的選擇和行動，不做欲望和情緒的奴隸。

067 練習是唯一的路

許多人一開始練習冥想，就期待能夠達到某種功效，或者進入冥想狀態 —— 心裡裝著這些著急的期待，冥想就更難進入狀態。

瑜伽的體式練習是冥想的輔助和配搭，當跨越了身體上的「障礙」時，你才有機會進入冥想的世界，感受合一的狀態，否則會在糾結掙扎中如坐針氈。

由於每個人的身體狀態、練習程度不同，沒有可供參考的更具體的指導路徑，更沒有任何捷徑可言。

為了進入冥想的花園，你唯一需要做的就是：練習。

068　這兩種情況下不適宜冥想

翻閱許多描述冥想效果的案例，我們會發現冥想幾乎「無所不能」，從內在的平和到外在的健康，它似乎都能給予。

事實上，透過經年累月的練習，冥想確實可以達到很多效果。

但對初學者來說，有兩個時間點不適宜冥想：一是在自己有負面情緒（尤其是有壓力）時，二是在吃飽飯之後。

在壓力狀態下初學者難以運用冥想的技能方法，難以「清空」思維，好勝心強一些的人若無法在一開始平靜下來的話，便會進入新一輪的自我嫌棄中，難以回到平和的狀態；而飽食的情況下，更容易睡去而不是冥想。

所以在這兩種情況下，只要深呼吸就可以啦！

069　冥想可以緩解和消除焦慮

1975 年，史瓦辛格陷入了焦慮。

那時候的他作為健美選手，參加了「奧林匹亞先生」健美大賽，期待能再次奪得健美冠軍。同時，頂著多次冠軍榮譽的光環進軍影視圈，他感受到了前所未有的壓力，每天有太多的事情要處理，很焦慮。

有一天，他在洛杉磯海邊遇到了一位冥想老師。老師建議

他透過冥想來緩解焦慮 —— 在此之前，他從未接觸過冥想，也非常懷疑冥想的效果。帶著姑且一試的心態，他開始了每天兩次的冥想訓練，早晚各 20 分鐘。

這一練，就是一年。

史瓦辛格說，這一年的冥想訓練，改變了他的一生，「不僅焦慮感消失了，我的情緒也比之前更穩定，我不再擔憂工作太過繁重，不再將成堆的事情看成麻煩，直到今天，我仍然從冥想中獲益」。

070 在冥想中獲得直覺的啟發

「蘋果」這兩個字，因為賈伯斯而賦予了它新的意義。稍微了解賈伯斯的人都知道，他受到了印度瑜伽思想和禪宗思想的深厚影響，生前最喜愛《一個瑜伽行者的自傳》和《禪者的初心》。

賈伯斯透過不斷練習冥想，不斷洗滌心靈，抵達一種空境，與此同時，以冥想訓練自己的思考和洞察力。賈伯斯在做重要抉擇時，都會閉目靜坐，然後指示員工將相關產品的設計一併放到禪墊周圍，冥想之後決定選擇哪個，放棄哪個。這樣的抉擇，靠的是「直覺」。透過這些常人看來匪夷所思的事情，賈伯斯保持了頭腦的高度敏感性。這種能力來自他高度發達的智慧。而這種智慧，並非來自分析性、邏輯性的演算，而是在

極度清晰明澈的頭腦中，大量訊息瞬間聚合運算的結果 —— 也就是我們所稱的「直覺」。

正是這種由冥想帶來的直覺，幫助賈伯斯獲得大量靈感。

071　蘇東坡與瑜伽

林語堂所著的《蘇東坡傳》裡記載了蘇東坡修習瑜伽冥想的故事。

蘇東坡是資深養生達人，他從自己原本體弱多病的弟弟蘇轍身上敏銳地發現了瑜伽帶來的變化，於是在被貶黃州後也走上了練習瑜伽的道路。他並不糾結於瑜伽「特技」似的身體動作，而是將重心放在運氣及咽津，並且讓齒、腹、腰、脊、眼、耳、鼻、腳、心各個部位一同參與其中。

林語堂評論蘇東坡的瑜伽術時說道：「中國的修煉者不知道那是瑜伽，稱之為『打坐』，或『靜坐』、『內省』、『冥思』，或是其他佛道兩家的名稱。自然其他身體扭曲過甚的姿勢，如『孔雀姿』、『魚姿』，中國學者以其過於費勁，拒而不學，而蘇東坡也只是以練幾個舒服姿勢為滿足，這未嘗不可以說算是中國對瑜伽的貢獻。」

其實，從瑜伽的本真 —— 與身體連結來看，在身體「自願」的情況下將心意、呼吸和身體連結起來，蘇東坡的這種「陰差陽錯」更加接近瑜伽追求內在和諧的真諦。

072 其他練習冥想的名人

美國著名主持人歐普拉・溫芙蕾（Oprah Winfrey）表示，她會每天靜坐兩次，每次 20 分鐘。同時她還將冥想教師請到自己的哈普公司教授員工冥想。

她這樣評價冥想：我覺得整個人變得更完整。我充滿了希望、滿足和深深的歡樂，因為我知道就算生活瘋狂攻擊我們，讓我們手忙腳亂，我們也依然可以保有不變的平靜。

福特汽車董事長比爾・福特在《公司》雜誌表示，福特家族的第四代傳人、亨利・福特的曾孫 —— 比爾・福特是冥想在商界的超級擁護者。他在接受美國佛學老師傑克・康菲爾德採訪時表示，在公司處境艱難的時候，他每天早上都會冥想，並告訴自己要用善良之心度過這一天。他在領導員工時也用善念對待，用冥想來提升自己的善念。

音樂傳媒界巨頭、德弗・詹姆唱片公司（Def Jam Recordings）的共同創建人、嘻哈大亨西蒙斯也長期練習冥想，並且一直幫忙宣傳冥想的好處。他說：「並不是說你要先相信冥想有效，它才能對你有效。你只是需要花時間去嘗試。古老的真理今天依然是真理。」「我的建議？就是去進行冥想。」

073 冥想和脈輪

　　古代東方聖賢發現人體有一些能量中心，在印度傳統中，稱之為「脈輪」（Chakras），該說法在藏族醫學、宗教修行的體系中出現。人體有七個脈輪：海底輪（根輪）、本我輪（腹輪）、太陽神經叢（臍輪）、心輪、喉輪、眉心輪、頂輪，當這七個脈輪開啟並等速正向旋轉時，一個人的能量狀態才能夠呈現平衡與升級式的增長。

　　遺憾的是，這七個脈輪不能透過現在一般的醫療設備檢驗出來，現在也有人透過能量磁場研發專門的脈輪測試儀器。事實上，除了頂輪在頭頂上方四指開外的地方以外，其他六個脈輪都在身體中，在脊柱往前的位置上，呈一條直線分布。

　　許多身體疾病的發生，與該部位的脈輪能量相關，未開啟、低頻（負能量）轉動、高速超負荷（負能量）轉動都會引發身體疾病，而透過冥想，我們可以達到身體內部的能量轉化，透過冥想的平和力量以合適自己節奏的方式開啟、調整低頻或高速的脈輪旋轉，協調和平衡七個脈輪之間的能量，從而達成自己的心腦合一、身心合一。

　　同時，由於六個脈輪都在脊柱靠前的地方，冥想中、生活中保持脊柱的中正有助於恢復脈輪的能量，使身體回歸健康狀態。

074 海底輪，生命活動的基礎

海底輪位於七個脈輪的最下方，是中醫上說的會陰穴。

海底輪是一個人能量系統的根，所以又稱「根輪」。昆達里尼瑜伽學派的學說把這裡描繪為「拙火」的存在之處，一旦「拙火」甦醒，便會沿著中脈向上，直至到達頂輪。

從身體層面上來說，海底輪與腎上腺緊密相關。眾所周知，腎上腺素調節神經系統的能量、體力和熱能，調節肝與腎的氧化排毒以及細胞內部的氧化作用，同時掌管紅血球和白血球的數量，以及免疫系統的免疫程度，維持生命存活。在醫院，若病人休克或器官衰竭，急救時常打入腎上腺素，以此來強化身體的生命力。

從心靈層面上來說，海底輪的顏色是深紅色，代表著安全感、存在感，決定著我們是否信任自己，是否可以依靠雙腳與大地取得連結，是否擁有獨自存活在大地之上的能力。

海底輪受阻的人，將無法與大地取得連結，從而充滿恐懼與恐慌，無法確定自己是否有能力生存在實際的世界。同時，海底輪受阻將會由於無法獲得「力量之源」而影響其他脈輪有力運行。

075　本我輪，能量的源泉

本我輪又叫「腹輪」，也稱為「真知輪」、「生殖輪」，位於肚臍以下、恥骨上方的骨盆內前部。

從身體層面上來說，本我輪主要與身體的下腹部器官相連：大腸、膀胱、生殖器官。如果說海底輪「土」元素的氣質更重一些的話，本我輪則和「水」有著緊密的連繫，象徵著流動性、靈活性。所以如果身體裡除了上述器官出現症狀外，體液分泌失調，或是身體的柔韌性出現問題時，多數都是腹輪出現了紊亂。同時，由於腹輪是人體的中心，所以它也控制著運動和平衡感，可以令我們的舉止更優雅流暢。

從心靈層面上來說，本我輪是我們「自我」的能量源泉，中國稱為的「氣」，瑜伽傳統中的「prana」都在這裡，它是呼吸中的微小物質，透過流動傳達到身體的各個部位，讓人精力充沛。而透過這個「氣」，我們開始了解外在的世界，發現那些令我們好奇的東西，再藉由身體的探索，獲得快樂。所以當我們去做那些想做的事情時，往往整個人是有力氣的，是愉悅的。

076　臍輪，第二個能量中心

臍輪，又叫太陽神經叢，位於肚臍之後、脊柱尾部之前，與腹部的各個器官相連，主管消化系統。

從身體層面上來說，胃和腸負責將我們吃進身體的食物轉化為能量，來供應頭腦及四肢的需要，這是臍輪被稱為第二

個能量中心的原因。但由於現代人攝入的絕大多數食物都不是純天然的，所以在消化轉化能量的過程中，臍輪很容易受到影響，會出現紊亂、失調，比如腸炎、胃病等。

從心靈層面上來說，臍輪代表「火」的能量，包含著「我可以」、「我能夠」、「我相信」、「我行動」的巨大力量，也可以簡單理解為執行力。無論起因是害怕或是「想要」，「能去做」本身就是臍輪有力量的表現。

想想我們還未出生的時候，就是透過臍帶與母親相連，獲得生長需要的能量。臍輪的代表顏色是黃色。

077 心輪，包羅萬象

心輪，位於胸骨中央，是下三個脈輪能量向上走的必備「中轉站」。

從身體層面上來說，心輪主要負責舒張與收縮、吸納與釋放，尤其關係到胸腔和手臂的動作。我們往往可以透過一個人的胸腔是否打開、雙手是否向外「擁抱」，來觀察這個人與外界的狀態：信任或懷疑、放鬆或謹慎。心輪相應的疾病反射區是胸腔附近的器官，尤其是心臟。

從心靈層面上來說，心輪代表的是接納、打開、愛的力量。生活中我們遇到的那些充滿善意，能夠體諒、理解別人的人，大多心輪平衡。心輪也「指揮」呼吸，與外界進行能量交換，所以心輪的有力、正向很重要。

　　心輪的顏色是綠色，回想一下，當你走入森林時，內心感受到的平和喜悅，那就是心輪正常的振動頻率，不是雀躍，不是興奮。

078　喉輪，表達的使者

　　喉輪位於脖子前方的根部，通常情況下是七個脈輪中最「容易」開啟的脈輪，但同樣也最容易紊亂。

　　從身體層面上來說，喉輪掌管喉嚨、甲狀腺體，以及我們與外界真正接觸的鼻、嘴（鼻子的氣息會經過喉部，經嘴巴吃進去的食物要通過食道）。而脖子僵硬、喉嚨發炎、肩膀僵硬等都是喉輪受阻的先兆。

　　從心靈層面上來說，喉輪主要負責表達自我，與他人溝通，發揮創造性。許多人覺得這是非常簡單的事情，但實際上非常困難，我們是否能夠清晰準確地感受到自己，覺察到自己的思考，又是否能夠面對，這些都不是簡單的事情，而在這些基礎之上，才能發現和創造自己獨特的表達。

　　喉輪是壓力閥，用語言或非語言的表達連通外界與我們這些個體，並負責將我們的內在「輸出」。喉輪的顏色是天藍色。

079 眉心輪，洞察和照見心靈

眉心輪，位於雙眉中央，就是傳說中第三眼的位置。

從身體層面上來說，眉心輪與我們的腦下垂體和內分泌腺體相關，它容許我們表達和確信我們的夢境與想像，影響理解與智慧，與我們的直覺相連。

從心靈層面上來說，眉心輪是我們人體內最後一個脈輪，是一個屬靈的脈輪。透過眉心輪的意識，我們可以觀察世界、自己發生的一切，保持客觀的觀察力，有清晰的願景，在頭腦中呈現畫面，與靈性經驗連結。

當心輪能夠平靜穩定、喉輪可以準確表達的時候，眉心輪就是真正的智慧出現的地方。眉心輪的顏色是靛藍色。

080 頂輪，靈魂通往宇宙之門

頂輪的位置有兩種說法：一說位於百會穴（或天靈穴），二說在頭頂位置往上一寸的體外位置上。它是七個脈輪中最後一個，也是可以直接與宇宙相通的脈輪。

從身體的層面上來說，頂輪主管我們的腦部、皮膚、神經中樞，也影響荷爾蒙的平衡。傳說這裡的形象是由一千瓣花瓣組成的人體能量中心，這個最高的能量中心是我們身體最精細的一個脈輪，當靈性力量上升穿過這個中心的時候，它能喚醒所有神經叢，啟發每個神經中心。

從心靈層面上來說，頂輪主要負責協調自身，感受、接納更大的自然及宇宙的力量。在這個脈輪我們可以超越自我，感悟宇宙合一、天人合一，我們不再有外界和個體的分別，我們和萬物也沒有分別，我們在萬物之中看見「我」，也在「我」中看見萬物的真理，明白真理存在於謊言中、快樂存在於痛苦中、自由存在於束縛中，彼此相互連繫。

當頂輪未開啟的時候，我們常表現出對死亡的恐懼、貪婪、懷疑或否定精神體驗，不能覺察精神世界的存在。與此同時，頂輪也是靈感、靈性和信仰的脈輪，關乎價值觀、勇氣、領導力、博愛、坦誠、解釋複雜心靈現象的能力、保持不批判的能力，以及看出廣大模式的能力。頂輪的顏色為紫色。

081　除了七輪，還有三脈

七個脈輪，是我們身體的能量中心，如果都能夠被活化並且保持在平衡狀態，我們會見到一個「完整」的，和諧的人。

除了七個脈輪之外，在我們的身體中，還有三條脈非常重要，分別是左脈、右脈和中脈，其中以中脈最為重要，七個脈輪都分布在中脈上。當脈輪沒有開啟的時候，絕大多數人依靠左脈或右脈的能量生活（可類比為中醫裡的七經八脈）。

從身體層面上來說，左脈與右脈分別與我們的左右交感神經相連，中脈與我們的副交感神經相連。可以簡單理解為交感

神經負責我們平常「運動」狀態的身體活動特徵，而副交感神經主要負責我們在「安靜」狀態的身體活動特徵。左脈指身體左側，右脈指身體右側。

從心靈層面上來說，左脈是陰脈，或月亮脈，掌管著我們的過去、記憶、感受、藝術創造；右脈是陽脈，或太陽脈，掌管著我們的將來、理性邏輯、自我和行動的力量。絕大多數人被兩種力量拉扯，形成不同的個體狀態。中脈位於脊柱中部，代表此刻、現在、進化和靈性提升，是與宇宙合一的唯一通道，是喜樂之源。平衡左右脈，喚醒和開啟脈輪的力量有助於我們打通中脈。

現代瑜伽類別中有一類稱為哈達瑜伽，是我們平衡左右脈的重要方式之一，「哈」代表太陽，「達」代表月亮，也是描述左脈右脈的平衡。

082 為什麼脈輪有顏色

在我們生活的這個世界中，萬物都擁有自己的顏色，比如：辣椒，紅色；天空，藍色；樹葉，綠色；綿羊，白色⋯⋯這是肉眼可見可識別的顏色。

實際上，每個人由於階段狀態的不同，還會呈現一些難以描述的顏色狀態，比如戀愛中的人，呈現出粉紅色的氣場，比如有些人的頭頂被烏雲籠罩，印堂發黑⋯⋯。

　　所以，除了把身體用器官來做區分、用器官狀態的好壞來描述階段之外，我們還可以把身體理解為能量綜合體，而不同能量的接觸會「生成」不同的組合，顏色是這種「結果」的表現形式。

　　既然有表現，就有某種難以說明原委的「恰當」，如同自然規律。比如，藍天讓人開闊喜悅，烏雲讓人抑鬱難受。回歸「本來面目」，才是和諧。

　　所以身心靈療癒的一個分支叫晶石療癒，就是透過不同顏色的水晶振動頻率來調節內在的脈輪，發揮開啟、穩定的幫助作用。這種方法可用，但別忘了主體仍舊是自己。

　　實際上，在我們生活的這一個可見維度外，還有另外的維度，身心靈的修行介紹依次為：氣體、情緒體、智性體、星芒體、氣體模型體、天人體、因果體。

歡迎來到瑜伽的世界

083　表達欣賞和感激

　　瑜伽課結束的時候，師生們會彼此合掌互道一聲 Namaste。一般來說，Namaste 是指尊敬和感謝，換句話說就是欣賞和感激。而欣賞與感激是最好的生活態度。

Namaste 由幾個印度音所組成：「nama」代表著鞠躬，「as」意味著我，「te」代表你。因此，Namaste 意味著「你我互相鞠躬」或「我向你鞠躬」。

當印度人說 Namaste 時，他們雙手合掌，兩眼注視對方，彎腰歡迎禮拜對方，心中默念「我內在最珍貴的神性佛性，向你內在至高無上的神性佛性頂禮致敬」。

這個雙手合十的動作很容易將我們帶入某種程度的心靈軟化、平息雜念或者反觀另一個心智的頻道。

084 體式練習中的身心結合

體式練習的基礎動作可以根據脊柱的變化分為前屈、後仰、扭轉、倒立、平衡五類。在身體進入相關動作練習的時候，我們可以試著感受自己的狀態，並在感受中將身體放鬆，進一步探索身體的潛能。

· **前屈**：讓人平靜、冷靜、謙卑、有所敬畏；

· **後仰**：減少壓抑，增加勇氣，得到歡欣鼓舞；

· **扭轉**：相信自己，嘗試進一步開發自己的潛能；

· **倒立**：學習面對未知的恐懼，賦予身體活力；

· **平衡**：讓身體和大腦更緊密地結合，身心合一，並在此基礎上增強專注力、協調性和平衡能力。

085　什麼是瑜伽

偉大的瑜伽先哲帕坦伽利在《瑜伽經》中記載：約束心靈的變化就是瑜伽。

動作的支配需要心意的引導。所以，在進入瑜伽體式的時候，不是藉由「完成」動作來感受身體，而是將心意集中，伴隨老師的引導感受身體，再在心意的引導下，尊重自己身體的特性，逐步完成動作。

這個過程，也是覺察、連結、融合、約束心靈的過程。

在與自己的身體建立這樣的連結、融合、約束的經驗中，與除了「我」之外的人、事、物、自然、世界、宇宙建立連繫，綻放「我」的意義。

086　瑜伽的意義如何在冥想中體現

瑜伽的本意是連繫、結合、束縛。

冥想從外在呈現上來看，是一個人安靜地坐著，並沒有與外界產生連結、融合、約束。如果你嘗試過前面提到的連繫，可以感受到，在冥想的時候，我們透過呼吸將關注點從外在的世界轉而向內，注意力從外界繁雜的欲望回到自己的身體，在這個過程中，我們的心意與身體有機會結合在一起，這是覺知的開始。而透過對覺知的覺察，我們得以束縛心念及身體的行為。

在冥想時，當呼吸進入穩定的狀態，我們時常會「看見」自己升起的種種念頭：今天沒有做好的事情，明天要做的事情等 —— 覺察這些念頭，將注意力從這些念頭拉回現在的呼吸，這就是我們束縛心念的基本練習了。

087 冥想和瑜伽是什麼關係

冥想和瑜伽有著複雜的關係。

在古老的瑜伽傳統中，勝王瑜伽作為古典瑜伽的集大成者，在其中的八支分法中明確將「冥想」作為第七個修行階段，為最終與梵合一的三摩地狀態做準備。

在現代瑜伽的發展派系中，有一支為「瑜伽語音冥想」，是指透過唱誦或是唸誦的方式修習瑜伽。

而在日常的瑜伽體式練習中，正確的練習方法會讓人覺察身體感知，讓意識與身體重新連結，全然感受瑜伽體式練習中與環境和自然的融合狀態，這也是冥想。

088 為什麼吃簡單自然的食物很重要

葉子是一個整體，除了清晰可見的葉脈，我們甚至可以看見它綠色的呼吸孔。

整棵樹是一個整體，我們摸著樹幹，看見樹枝，知道樹根深埋；海洋是一個整體，海水在湧動，魚和各類海洋生物在這

裡怡然自得地生存；地球是一個整體，我們與自然一起生活在這裡；宇宙也是一個整體，一個星球上的生命與其他星球的生命，共存在宇宙裡。

在這麼大的範圍內，一切都在進行能量交換。所以，食用那些自然富有能量的乾淨食物，能讓我們的身體得到補充，在飽腹的同時，也帶來新的能量，幫助我們進行有益的循環。

089　瑜伽飲食法則

瑜伽練習一段時間之後，如果身體的覺知開始甦醒，我們就會發現身體有清晰的喜好。在瑜伽的體系中，我們把食物分成三種：

· **悅性**：沒有任何刺激的，食用後能讓人平靜的食物，以素食為主；
· **惰性**：滿足人體欲望的食物，食用後容易使人發胖，性情憂鬱或煩躁不安，包含肉類和刺激性強的食物；
· **變性**：包括各種刺激性強的調味品烹製的食品，或是部分對身體有干擾的素食（白蘿蔔、辣椒等）。

瑜伽的飲食原則是，多吃悅性食物，少吃變性食物，不吃惰性食物。

090 每個人擁有自己的獨特頻率和節奏

回頭想想自己從小到大遇到的朋友或是現在身邊的人，常常發現別人與自己的不同。每個人都擁有屬於自己的獨特頻率和節奏，有些快如閃電，有些慢如蝸牛。

在人與人的交往中，我們藉由這些不同和相同來了解自己，了解別人。我們可以在雙方了解自己的基礎上相互協調、配合，卻無法要求對方改變「自己」來配合我們，反之同樣。

我們之所以是不同的我們，正因為這些不同組合的差異存在。尊重這種不同，才有機會認識、了解別人，也才有機會更了解自己。

091 能量總在流動

冥想幫助我們將注意力回收，在呼吸、在身體、在念頭、在心意上，感受與宇宙、自然合一的狀態，感受自己小世界的中心。

如果「我們」是那個不能改變的「不動」，那我們周圍的人、事、物，我們的目標，我們的方式方法，都在發生變化，這促使我們螺旋上升。

順，不能時時；逆，也不可能時時。勢，總有高有低。伴隨勢的沉浮，我們可以踏浪前行。

所以當我們處在一個「沒有變化」的環境中，就像嘗試堵

住湖泊的兩頭，久而久之，就無法流動了。當這個作為中心的自己開始凝固，周圍的人、事、物也似乎以某種方式凝固，如此一來，生活便失去了活力和美好。

092　每一次成長都會經歷的蛻變期

如果你嘗試過改變某種習慣，就會發現在舊習慣和新習慣之間，有一段時光是「暈眩」的 —— 甚至可以清晰感知到自己在此中間，經歷「清晰」的奮戰過程，慣性越大，抵抗的時間就越久，新習慣建立需要的時間也越久。

但正是在這個「糾結」、「掙扎」的過程中，那個嶄新的、更適宜的習慣正在一點一滴地建立，不是依靠過往的所得拼湊在一起，而是經由自己的篩選，一點一點重新搭建起來，變得更加穩固，逐漸豐富，直到新的成長到來。

那些過往我們所「煎熬」的，正是給予我們最多的，它們構成我們生命中足跡最深的部分，匯聚起來，成為我們的過去和現在，引導我們走向未來。

所以每當我們經歷轉變，要知道這是必經之路，也要知道它是為了豐富和完善自我而來。

093　找回自己的平衡

有些人天生中庸，善於平衡自己與周圍；有些人生來極端，習慣滿腔熱血，一鼓作氣。可是無論是前者還是後者，他們都

有屬於自己的平衡。慢的人，享受慢的節奏；快的人，感受快的灑脫。

只是我們不可能處於不受外界影響的環境中，所以有時候一系列事件的發生，會打破我們曾有的平衡，告訴我們需要建立新的平衡。

人們最終要生活在自己的節奏裡才舒適，所以我們在經歷的過程中，如果可以，盡量再回到自己習慣的節奏裡，找回屬於自己的平衡。而在這個過程中，我們「駕馭」的能力增強，自己的平衡能力也愈加有力。

094 浮生若夢，如果醒來也是一場夢

老莊學派說人生虛妄，浮生若夢，所得所失不過曇花一現、黃粱一夢，或入夢，或從夢中醒來。

在冥想狀態下，我們常常從自我、此刻中抽離，「看見」過去曾經發生，此刻正在發生，發現自己建造一個夢，讓自己入夢 —— 只是我們無法知道，我們是醒著，還是在夢中醒著。

既然不可知，醒與睡無從考證，也不再重要。重要的是，無論在第幾重夢境，我們都在好好經歷、感受與體驗。

這是夢本身攜帶的美好及可能。

095　內在成長的路上，經驗也許是障礙

從孩童開始長大的過程中，我們主動或被動地累積經驗，是經驗帶領我們發現坑洞，繞過沼澤，穿過高山和大海。這些顯現在外可被驗證的內容，成為我們探索外在世界的寶貴工具。

向內，觀看事件對我們的影響，卻是完全不同的一件事，無法「偷懶」地用已經掌握的方法進行分析 —— 比如前 100 個人在這個點上都選 A，也無法說明第 101 個人還是會選 A，他與前 100 個人都是一樣的，在 A 與 B 中選擇，A 的選擇率依舊是 50%。

對於個體，經驗不起作用 —— 反而因為過往的經驗，我們容易先入為主，以為對方會選 A，結果卻跌破眼鏡……。

所以，做事應善用經驗；想了解一個人則需放下經驗。

096　每一次，都是第一次

我們常願意接受那些富有創造力的作品，彷彿它符合我們人性深處對未知和新奇的探索。

所以第一次的嘗試體驗，最驚喜。而第一次的嘗試操作，最有創造力，因為沒有參照就是全新的體驗。

可是當第一次變成第二次、第三次、無數次，經驗就會在慣性的指導下悄無聲息地接管流程，關閉創造力的管道，讓事情完成 —— 除非你能夠以極大的心力去發現新穎、探索新奇、獲得嶄新的創意。

不過，也別因回到原點而懊惱，因為當你不一樣時，一切就不一樣了。

097　在日復一日的練習中發現樂趣

小時候父母常希望幫我們培養興趣愛好，那時候雖然頭腦裡覺得這件事很重要，卻因為被逼迫而很少全力以赴。

長大後，因為自己的選擇，我們可以在眾多的不同中發現自己喜歡的，並且稱其為「我的興趣愛好」，投入時間精力，甚至可以一個人對著一把吉他、一盤棋、一堆顏料，度過一個下午。

在時間「飛速流逝」的過程中，我們全然與自己的內在面對面——體驗興奮、焦慮，想要更全面、實現自我的全部過程。

我們就在這個過程中，找到與自己和平相處的方法，找到輕鬆愉悅的自己。

098　用不同的眼睛看世界

當你看一朵花開，覺得美好，觀察它鮮豔的顏色、盛開的姿態和甘做陪襯的綠葉，聞到花香，便是美的體驗。

如果是一個孩子，他會如何觀察？

這朵花擁有太陽一般的顏色，它像極了女孩子的蓬蓬裙，

這個花蕊特別適合蜜蜂停靠，等會兒肯定有蜜蜂來。

17 世紀的歐洲婦女，將黃色鬱金香視為財富的象徵，甚至在荷蘭一度被視為貨幣進行交易。

…………

現在再看鬱金香，它還是那一束束黃色的花朵，像一個個伸開的手掌，歡呼雀躍。

這就是在尋常生活中看見創造力的美好。

099　藉由環境和音樂，讓心去旅行

民以食為天，在匆匆而過的時光裡，許多不同風格的餐廳的存在，給了吃貨們不同風格的味蕾天堂。

古人說「女為悅己者容」，現代人則常說女性要先學會悅己，透過服裝、髮型、妝容等替外在加分，這與豐富內在同樣重要。

醫生建議每天聽耳機最好不要超過一小時，否則容易影響聽力，但耳機的產生讓我們隨時隨地可以置身在自己想要的聲音氛圍中。

所以在忙碌的生活中，當心想要喘口氣，不必苦苦熬到假期，在能力範圍內，去一間想去的餐館、穿休假風格的服裝、聽想聽的音樂，就可以在一定程度上完成心的旅行，感到開心。從某種程度上來說，這就是在平淡生活中活得自在隨心的智慧。

100 我們一直是自然的一部分

透過了解各個文明的起源，我們會發現，人類最初是畏懼自然的，隨著對大自然認識的不斷深化，開始敬畏、模擬，甚至想要控制自然。

如果這是一場比賽，自然與人類是比賽的雙方，大自然最初占據絕對上風，而人類的力量則後來居上。

早在遠古之時，人類就是自然的一部分；5,000 多年前，人類就向自然中的其他動植物學習，了解自然規律並創立了瑜伽；時至今日，我們仍在不斷推進對自然的認知，比如探索宇宙。

我們一直是自然的一部分。

101 美，在人身上是隨年齡流動的

和年輕一代越來越「標準」的美女長相相比，1980 或 1990 年代的美人們，各有各的美麗姿態。

幾十年過去了，再看當初的美女，儘管皺紋爬上臉龐，由於有柔和的氣質包裹個性，當她出現，依舊美得不可方物，是年輕時的延續，卻又是與年輕時不同的美 —— 能夠接納美的流動，才能呈現不同層次的美 —— 比起那些努力讓臉蛋和身材都停留或延緩在某個階段的「執著」，也許，美從來都與真實相伴。

102　為什麼人要做自己擅長的事

生活中我們常會遇到一種人,特別有韌性、有勇氣面對自己的「不好」,然後努力調整——

我內向,所以改變,學習主動與他人交流的技巧;我不喜歡被關注,這樣不行,無法成為領導者,所以改變,思考怎麼成為團體的中心……。

這都是我們花費時間精力對我們認為重要的、自己不擅長的性格做出的改變,當我們足夠「努力」,就會成為想成為的人,只是成功之後,內在是否感覺開心、幸福?

太過努力調整,很難說這當中是否有「修正自己」的念頭在作怪。如果修正之後,我能更開心更喜歡現在的自己,那也意味著對過去自己的嫌棄和遠離。

能夠接納自己的不擅長,並且選擇將時間精力花在自己擅長的事情上,是智慧。如何區分,就更需要智慧了。

103　看起來的橫切面,實際是縱切面

你的生活裡包含什麼?

有工作,有父母,有自己每天的小確幸,有朋友,還有戀人,甚至孩子……彷彿生活是一個圓,這幾樣均衡或者不均衡地填滿了這個圓。

實際上停下來想想,對於一個人來說,這些不同的「板

塊」從來不曾在一個平面上。比如，工作出現狀況對你的影響深度，就不及你重視的感情 —— 依照每個人所在意的程度不同，它們對內心造成的影響也不同。

所以了解一個人，不是看他在忙什麼（橫切面），更需要看到這些「板塊」對他的影響度（縱切面），這才有了你眼前這個相對立體豐富的人。

104 生活的不同側面相互交織

每個人都是獨一無二的個體，所以每個人都有完全屬於自己的偏好或傾向，有些人均衡發展，有些人則優劣明顯。這些不同的側面交叉在一起，就組成了我們。

我們時常希望找到一個人、一個環境、一個地方，能夠接納這自知或不自知的所有，進行「終於找到你」的傾心分享。而事實是，沒有人、沒有團隊有義務接納你的所有。

也許，放下自己執著的期待，恰當地有所區分，讓你精彩的不同側面在不同地方先後綻放，才能讓自己和對方舒適地慢慢接納。

105 生活總有方法提醒你

作為一個渺小的人類，在學習和成長過程中，我們很難直接找到所謂「對」或者適合自己的路，總要慢慢摸索，走些冤枉路。

　　只要你持續嘗試新的事物，沒有放棄，沒有偷懶，生活就會給予你新的啟發與思考。這是順的部分。

　　不順的部分，是有些事、有些人都不一樣，你卻有幾乎如出一轍的感受 —— 若在這一次又一次的經歷中，你始終未能醒悟，生活給予你的，將是更深更重的「提示」。那些執著握住杯子不放手的人，只有當滾燙的開水溢出，將雙手燙傷才「不得不」鬆手。

　　即便如此，生活也是在「幫」你醒過來，以新的、有可能跨越的方式去經歷，這就是生活給予我們的智慧。

⬤106　突如其來的悲傷也有意義

　　絕大多數時候，我們喜歡與那些看起來正面的情緒相遇，比如快樂、興奮、活力四射。而每當遇見那些不那麼好的情緒時，我們總習慣性地想要讓它快點過去，比如悲傷、孤單、無奈、無力。

　　拿悲傷來說，多數情況下它都是突如其來的，因為一個電影畫面，因為一首歌，因為曾經熟悉的場景。

　　潛入這樣的悲傷裡，我們會發現所有的悲傷似乎都蘊含了「已經流逝」的狀態，所以底色裡充滿了淡淡的憂傷。

　　悲傷的同時，不也能夠看到自己從過去如何成長為現在的自己嗎？回憶一直在，不只時間會化悲傷為美好，曾經的遇見、曾經的經歷，何嘗不是美好？

107 遇見的，都是恰好需要遇見的

生活中我們常會給自己某種期待，1 個月後、1 年後、10 年後會如何，然後朝這個方向前進。

這種期待似乎成為一條基準線 —— 達成了，開心；沒達成，難過，如果僅僅盯著結果，那麼從設定計畫的那一刻起，就失去了靈動的自由和更多可能性。

反倒是生活裡出現的意料之外，成為促進我們內在成長的重要張力，在來回選擇、感受、拿起和放下中，我們不斷成長。

所以遇到「怎麼會發生在我身上？」、「為什麼會這樣？」這類事件時，接納它的發生，問問自己：這件事出現在我的生命中，是要讓我明白什麼？

108 老天爺會安排好一切

我們時常有美好的期待，然後全力以赴去實現。有時候，我們「孤注一擲」，似乎覺得接下來的結果只有成功，而沒有其他 —— 成功了，我們覺得自己能力很強；失敗了，就一蹶不振。

撇開我們在這件事中的能力、意願、韌性，一個人能夠成就一件事，還需要所謂的天時、地利、人和。即便能夠盡最大能力考慮這一切，最終也只能做到估算，無法造成決定性的作用。

所以，坦然面對可能的結果，盡人事，聽天命。

109　你在這個世界是安全的

年幼時接受的教育是，要好好保護自己，久而久之，我們大腦皮層裡留下這樣的深深印記：這個世界不安全。

成年之後，許多人用不同的方式應對自己的不安全感：拚命工作、戀愛結婚等。

每個人似乎都不願被騙、不願吃虧、期待一切順利。然而，那些看起來糟糕的經歷，都蘊藏著讓我們成長的巨大財富，我們又遭受了來自外在世界怎樣的危險呢？

自然、世界從來都是向我們敞開懷抱的，而如何選擇、走得更遠則是智慧的問題，與危險沒有本質連繫。

我們原本就安全地存在於這個世界上，一直都是。

110　外在世界紛擾複雜，回歸自我才有安定

資訊爆炸的時代，每一分每一秒都有無限的訊息，我們依據自己的興趣愛好、目標等搜尋想要的內容，卻更加主動地離那些我們未知的東西越來越遠。

我們都已經掌握搜尋的技能，可是除卻要解決的問題之外，沒有人來告訴我們要搜尋什麼。人與機器人之間的技能差別越來越小。

若選擇追趕或緊跟這個時刻變化的環境或時代，我們將會一直跑，一直追，即使如此也未必能夠追到，而想得卻得不到

會造成糟糕或煩躁的心情，帶來自我的各種負面評價。

唯有回歸自我，發現、找到那條自己選擇的路，才有方向，才有已經擁有的累積，才有此刻的感受。

111 內在的萬花筒如何打開

人的內在彷彿一個萬花筒，那些發生過的事情，都按照我們對事情的理解而貼上看不見「我」的標籤，作為「事實」存在於回憶中。

若這些事情伴隨片段發生，只是片段，就是最簡單的操作方法。他陪我走過這一段，她陪我走過那一段。這個人的生命軌跡是二維、線性、點對點的 —— 看起來是機器人的思維方式。

但若有一天，他自己打破了這種「程式」，開始將不同的階段交融混合，這說明他跨越了自己曾經對生活的理解，而更以「本心」參與生活了 —— 生活從來不只一面，我們也需要同時與許多點和面發生連繫。

對這個主角而言，意味著他的內在從過去的封閉狀態漸漸打開，萬花筒開始玩轉起來了。

112　內在的成長如何在外在呈現

生活總在匆匆忙忙中度過，似乎有太多目標需要完成，所以我們一直在趕路，忙得忘了所以。

有時候甚至覺得，忙得這麼辛苦為什麼還要關注內在成長。

其實，內在成長就像一個開關，一旦這個開關啟動，一個人的外在就會呈現出與過往完全不同的狀態 —— 安靜了，踏實了，不忙亂了，漸漸平和、喜悅。

若這些變化更容易被別人發現，自己卻無從感受，那內在的成長還會在這些時刻呈現：

過往不能理解的歌詞，突然就懂了；一直放不下的人，在累積許多失望之後，放下了；那些輕易得到的，失去了，開始明白努力和珍惜⋯⋯。

113　靈魂與身體，需要你來讓他們合一

別以為自己是合一的整體 —— 若真的和諧，我們就不會有各種各樣的內在掙扎與矛盾了。

當靈魂甦醒，你能觀察到自己的思維和矛盾時，就需要身體進化，以更強的「裝備」與已經升級的靈魂「合體」。

有時候我們發燒，用淘汰的方法排毒，清理內在；有時候我們生病，啟動身體自癒功能來完成從被動到主動的升級。

只有身體潔淨、強健，我們才能綻放內在的力量。

114 自我成長，就是自我找尋

生活中，那些願意投入時間精力的人，常在傳遞一種堅定向前的力量，他們閃閃發光，讓人動容，彷彿對於他們來說，成長的機遇無處不在。

那些越是在平常生活中看起來是「少數」的人，越常讓我們產生這種感受 —— 儘管有時候不知道他在證明著什麼，希望被承認什麼，又或者對他的主張完全不贊同，但並不影響你認同他的堅定。

有時候我們誇大了迷茫，因為每個人生階段都有需要找尋的內容，自己也只是其中一部分。有時候我們誇大了人類，因為即使一隻貓生下來，也要自我找尋，它們學習喝奶、奔跑、抓老鼠，成為一隻貓，然後學習撒嬌賣萌、了解人類語言、熟悉環境，成為這個家庭的一員。自我成長，就是自我找尋。

115 儀式感就是人生路上的里程碑

即使不是修行人，不講究因果，我們也可以很輕鬆地理解開始與結束的關係，一個開始，會導向一個結束，而一個結束，會開啟另一個開始。

我們始終處於這樣周而復始的循環中。

在這一個又一個無休止的循環往復中，我們每一次身處的「節點」都不相同，彷彿身處全方位空間下不同的時空座標，同時，不同的還有這些座標點上一個又一個的我們自己。

儀式感存在的意義，與其說是自我暗示，不如說是在重要的時空座標上給自己的標記，如同在自己的人生道路上樹立里程碑，標記我們走來、走向的路。不見得是外在的形式，而是一個給自己的步驟。

越重要的事情，越需要認真給予它儀式感。

116 人生路上跨越不了的阻礙

每一天總會發生許多事，需要我們面對和解決，我們依照事件的緊急程度和自己的喜好開始排序，逐步解決眼前的「問題」。

如果衝得太快，停下來歇息的時候，就想徹底放鬆，不願思考，不願嘗試，如果不是那些「問題」反覆出現，我們甚至都沒有發現，這是我們「邁不過去」的阻礙。比如，擁有完成某件事的強烈意願；比如，真正意義上信任一個人，攜手往前走……。

時間經過，事件經過，那個人也擦身而過，只剩下「沒有意願」與「不能給予信任攜手向前」的自己。

面對這樣的阻礙，跨過去，人生就是新開始。

117 放下你最放不下的，就是真正的成長

每一個我們都是如此不同的個體。

帶著過往的「慣性」，我們經歷著「此刻」，或許總會遇到難以面對的事，但換個角度想，生活總會給我們機會，在同一個路口，換條路走；而每一次的不能面對使我們回到了原路。

嘗試面對那不能面對的，放下那不能放下的，一次兩次，內在的改變就發生了。

118 放下過去，心的力量會重新出現

每個人的現在都由過去構成，每兩個人之間的關係，則由兩人之間複雜的過去構成，那些越是走入心裡的人，就越擁有複雜的過去。

接納這些複雜的過去，承認它們已經過去，甚至不受思維的捆綁，正視現在，讓頭腦來幫忙內心，表達那些想表達的，既是對自己的尊重（我表達了），也是在建立與對方真實的連結。

當我們在內心深處放下過去，心的力量會重新出現，帶著博大的愛，在此之中我們會綻放出新的自己，新的旅程也由此開始。

119　看見局限，才有機會飛翔

成長的軌跡中，我們的學習常遵循學習經驗、假設、實踐、證實的過程，並期待能夠準確地「先知先覺」。所以，當我們認為「我們是對的」時，便充滿信心、自豪、勇氣、滿足感。

若驗證環節出現「偏離」的情況，不能依照我們的設計，甚至讓我們清楚看見自己的局限，感到突如其來的緊張與不安，這是對於過去未曾獲得的「反抗」。

也正因這些經驗的局限，我們看見邊界，擁有了新的機會去拓展、充實自我，這個過程有著興奮，也蘊含新的契機。

120　對世界，給自己，多點想像力

世界上每一個民族的文化起源都來自神話，而神話中的自然萬物也被賦予神奇的色彩：天、地、風、鷹、蛇、魚等，彷彿一齣又一齣精彩的戲劇。

用科學的方式說，這是早期人類對自然現象進行合理化解釋的方式；用宗教的方式說，當我們不能證明祂們在，卻也沒有辦法證明祂們不在時，世界還有另一個更高維度。

理解的過程沒有對錯，對或錯都是認知在向前推進。

放下對錯，放下派別篩選，吸收故事中那豐富的想像力，這就是用思維體驗神奇。

121 三種無明困住自由

瑜伽修行過程中的一個階段是，人會受到自然界三種狀態，即愚昧、激情、善良狀態的控制和支配，並且希望獲得某一特定類型的感官享受。當一個人處於愚昧狀態的支配下，他可能嚮往睡眠或被麻醉。當一個人處於激情狀態的支配下，他可能嚮往性的享樂。當一個人處於善良狀態的支配下，他可能享受在公園或自然環境中度過和平寧靜的一天。每個人都受三種狀態不同程度的影響，在特定的時刻這三者中總有一種占主要地位。無論處於哪一種，都是在自然界的影響支配下呈現人的欲念，仍受到物質欲念羈絆，無法自由。

瑜伽修行者要實現的目標是，讓人在人生的經歷中超越愚昧、激情和善良這三種狀態，從出生、衰老、死亡這三者的痛苦中解脫，體驗生命自身的意義。

122 知道，是做到的前提

想從三種無明狀態中解脫，一個人就必須首先堅守住善良狀態，而不是依附於愚昧無知或激情狀態，原因在於善良狀態是擺脫這三種狀態的出發點。

想起一句有趣的歌詞：「小和尚下山去化齋，老和尚有交代，山下的女人是老虎，遇見了千萬要躲開。」從「不知」到「知曉」道理，這是學習的過程，而「下山」是在體驗的過程中

實踐道理，讓這些從別人那裡聽來的「知道」成為自己的「做到」。在溫室中能夠保持單純善良的品性並不難，因為那是他會的事情，而在五光十色的社會中，面對多種的誘惑，能夠選擇單純善良尤為珍貴，這是不為所動，這也關乎自己內心的有力堅守。「躲開」是老和尚教給小和尚的應對策略，一心向佛、坐懷不亂才是自己的成長目標。

123　時間的意義是什麼

　　信佛的朋友，常拿佛陀的教導來說明人生：各種好的、壞的、激動人心的、讓人絕望的，佛陀都看著它們經過，再強盛的王朝，幾百年過去了，仍舊消散如煙。在無始無終的時光隧道裡，人和人類的所有，終將從塵土中來，再回歸塵土，時光總會流逝。

　　在終將消逝中創造，在時間的標記上向前走，意味著什麼？

　　想像在海邊用泥沙堆出城堡的孩子，享受建造的快樂，傍晚潮漲，城堡被帶回大海，他的快樂和那個消失的城堡，都曾經存在於那個下午。長大之後的他，用自己的年齡，標記那一份快樂、那一場經歷 —— 對偉大的時光來說，什麼都不是；對他來說，那是他的組成部分。

感受身體，與它連結

124 連結、融合、約束

按照《瑜伽經》裡的描述，瑜伽是對身體和心靈的約束。早前的瑜伽師根據瑜伽的要義將其介紹為三個關鍵詞：連繫、結合、束縛，更準確地說，是連結、融合、約束。

從大家都熟知的瑜伽體式說起，用呼吸引導動作，用意識引導伸展，是嘗試在現代人的生活節奏中，將意識和我們的身體連結起來。

當我們進入每一個瑜伽動作，就全身心地進入，嘗試用意識掃描整個身體的狀態、形態，讓身體各個部分都運作起來，進入這個「一」的狀態，嘗試融合。

當無意識的伸展和練習變成有意識的，這就好比打開了我們的「潛力閥門」，在以為自己可以衝向天際的時候，學著控制和約束，精準地掌控自己的身體。

125 身與心的連結

身體比我們想像的更接近內心和潛意識。

當你在準備一個很重要的考試或目標，通常這個時候你會「很健康」，而當這個目標完成，或是時間已經截止，身體就會

發出警報，「強迫」你休息。

　　休息，是停止。停下來，有機會換個方式，整理過去，以新的方式收穫過去不曾有的，不只是內容，更包含思維方式與技能。

　　就像心情不好的時候，大多數人都會選擇吃甜食來平復心情一樣，我們的思維和情緒以某種「理所應當」的方式連繫在一起。當身體不適，我們找到對應的內容，在冥想中讓阻塞疏通，讓痛放鬆，這就是療癒。

126　相信身體的感受

　　有一句玩笑話這麼說：不論你說了什麼，身體總是誠實的。

　　冥想的時候，由於透過呼吸與自己的身體連結，身體會有比較直接的反應呈現，有時候我們糾結究竟是要維持現在冥想的姿態，還是要跟隨身體的「提示」呢？

　　這些提醒究竟是不是身體的提示，在前期我們的覺察力不夠敏銳的時候，很難排除因為打破了「舒適」的慣性，而想要「偷懶」的這種可能性。所以在前期，我建議你聽從、跟隨身體的引導。

　　流淚、低頭貼向地面、雙手合十、想要調整和扭動頸部、放鬆背部、做出某些特定的手勢……這都是會正常發生的情況。如果你的冥想時間是在夜裡，那麼冥想會幫助你釋放白天積壓的各種情緒，這些都是「出口」。

只有一點需要提醒，這些「動作」不是為了做動作而做，而是覺察並相信身體的提示，「排出」不良情緒或者「滋養」需要的部分，從而更好更長時間地進入冥想的狀態。

127 身體知道答案

吃飯的時候我們的腦海裡常出現一個問題：吃什麼呢？

然後頭腦開始思考，吃這樣，或是吃那樣，好像頭腦在詢問胃的感受 —— 如果它倆語言不通，或是交流不順暢，頭腦就不會知道。

這個時候，如果不選擇問，而只是坐下來認真「聽」著，那個想吃的東西就會出現在腦海裡，比如茄子、雞蛋等，彷彿捉迷藏遊戲。

身體知道答案，不要問，保持耐心讓它慢慢說。

128 緊張或放鬆，身體告訴你

有時候我們在高強度狀態下繃得太久，以至於自己都覺得隨時應對緊張是一種常態 —— 當有人建議放鬆一下時，便很想問對方：怎麼放鬆？

如果心裡的緊張或放鬆不太容易被觀察到，我們也時常忘記觀察它，我們可以試著透過觀察身體的狀態來了解內在。

試想，那些你發自內心願意與之相處的人，總會帶給你放

鬆的感受，你不需要刻意偽裝，不需要小心翼翼，只需要自然地呈現內心所想，你的身體也是放鬆的，興奮而放鬆。

而面對那些讓你警覺的夥伴時，你會不自覺地神經緊繃，觀察著他們的舉動，思考著給予回應，無法顧及自己的感受，在緊張的過程中對方也難以看見真實、平衡狀態的你，反而感受到你的刻意與努力。

身體放輕鬆，精神和心理也會放輕鬆，而後者的放鬆又有助於我們身體的放鬆，所以多跟讓你覺得放鬆的人相處，這是給自己的滋養。

(129)　身體知道如何舒適

有一本簡單卻很神奇的書，叫《水知道答案》，這本書提出水也有自己的喜怒哀樂，而且能感知人類感情，像某種「通感」。

我們不是水，無法對水表達，卻可以用身體來感知舒適：坐得久了，就想起來走走；頭低得久了，會自然想伸個懶腰，轉轉脖子；手腕傷了，用繃帶吊在胸前，不動它，最舒服，好得最快……。

身體為什麼會知道怎樣舒適？

極少數人適合研究為什麼，大多數人只要嘗試傾聽、了解、學習身體對舒適的感知就好，多活動，多伸展，有意識地

放鬆，增強那些緊張或薄弱的地方 —— 不用水，我們可以透過身體感知自己。

130 睡眠，讓身體「做主」

現代教育許多時候在訓練我們的思維，即便那些對語言表達的培養，也仍舊離不開思維的呈現。久而久之，我們的頭腦越來越發達，甚至連超快的嘴，有時候也跟不上腦子。

我們也越來越少詢問：你覺得怎麼樣，你感受到什麼……似乎這柔軟的問候僅限於最親近的人之間交流使用。我們對於感受的表達越來越少，漸漸被麻木籠罩，對於感受的形容只剩下「大概差不多這個感覺」。

身體常常被這兩部分「奴役」：為理想奮鬥，或者成為情緒的「替罪羔羊」。

睡眠時，心是輕鬆的，頭腦是漸漸停下的，身體重新拿回「操控權」。這是累到極致或是被壓迫之後的被動呈現。冥想時，我們用強大的意識發現頭腦思維，觀察它，也有意識地重新跟身體建立連結。

試試睡前冥想，來體驗差距。

131　每個身體都不相同

　　雖然每個人的身體結構類似，但由於生活習慣、職業等原因，每個人呈現的身體狀態並不相同。瑜伽習練過程中，老師的語言只是指引（不是指導），你需要依據自身的情況跟隨指引去嘗試。

　　不是每個人都能只進行一次嘗試就進入體式的全然狀態，但在每次練習過程中，你只要比前一次更放開、更伸展、更穩定、更有力就好，這就是瑜伽習練的意義。

132　身體裡氣運行順暢的重要性

　　呼吸與人類生命直接相關，我們在呼吸，所以還活著。

　　細細觀察呼吸，會發現它們很像「閥門」打開時帶來的流動狀態：一個負責將外界輸入，另一個負責將原本所有的排出 —— 不是輸入就一定最好，需要它們共同配合才能讓那個處於來來回回活動狀態的「氣」保持運動狀態，逐漸有力。

　　呼吸與能量消耗相關，所以我們應當非常重視呼吸，順氣的同時聚氣，例如唱歌、空手道、樂器演奏……而專心修習氣功的人也常因為理順了氣，讓輸送氣的身體管道暢通，從而獲得健康。

　　冥想最初的呼吸練習，也是同樣。

133 身體裡藏著圓滿智慧真我

當我們的內在產生拉扯的時候，我們常會感覺到掙扎或糾結，甚至會情不自禁想要走出這種「不舒服」的狀態。這已經是「雙方」幾乎「分道揚鑣」，要開戰的狀態了。

觀察我們的身體，有時會有更早的信號出現，阻止你衝動的腳步。比如朋友推薦了看起來很好的投資項目，你在聽他敘述的時候，眼睛看見他不斷摸著自己的鼻頭，於是內心開始沒那麼確信，提醒自己再確認一下。

在情緒低潮時，觀察身體的反應，也會將我們拉上岸。比如來到曾經一起吃飯的地方，回憶起過往的戀人，感慨曾經多麼相愛，若能在上菜那一刻將注意力收回到味覺的品嚐上，不陷入思考，我們就能回到現在。

與人相遇，享受關係

134 瑜伽修習的三個階段

瑜伽（Yoga）的梵文詞根是 yuj 或者 yug，意味著連繫、結合、束縛。

瑜伽是一種個人與世間萬物連結、相處、經歷的方式，我們並非孤立地生存在這個地球上，所以這三個詞更準確來說是瑜伽修習的三個階段：

- **連繫**：我們先要與除了「我」以外的外在世界連繫起來，建立連結；
- **結合**：在連結的基礎上，與之融合成為更大的存在；
- **束縛**：保持覺察與約束，依據心靈的準則約束力量，掌控對外界的影響。

　　與人交往，是俗世生活的必需品，也是成長為更好的自己的必經之路。

135　藉由對方來「修煉」自己

　　在許多冥想的介紹內容中都有提及，冥想的「正確」體驗和目標都是「與梵合一」，我們在「合一」的體驗中感受到自己與世界的原本在一起，一直在一起。

　　我們為什麼要跟人建立連繫，去體驗這種原本都在「梵」中的「複雜」？試想，絕大部分的器官在我們身體內部，但我們在很多時候對它們並不了解，也不覺得「需要了解」，因為它原本就在我們體內，而長期被忽略的部分會以某種狀態提醒我們的關注。

　　向外的探索相對比較容易，因為有「研究對象」，而「研究技能」的提升，是為了更能幫助我們了解自己的內在，從更深的層次讓內在與梵合一。我們與別人建立連結的重點是藉由與對方的交流，讓不輕易呈現的內在出現，借此來「修煉」自己。

136 我們為什麼需要與人交流分享

人是社會型的動物，根據馬斯洛的需求理論，滿足了生存需要和安全需要之後，我們有與人交流的需求 —— 在這樣的交流中，我們不覺得自己是孤單的。

但如果我們困在孤單寂寞中，想要打破這一切，我們的生活也仍然會被影響。實際上，那些冥冥中出現在我們生命中的人，除了分享快樂，分擔悲傷之外，也是鏡子，幫助我們識別自己過去不曾擁有、不曾發現、不曾經歷的，照見我們的喜悅、憤怒、恐怖、勇敢……激發生命潛能。

深入冥想中，往往可以覺察到這些人的出現與自己的連繫，然後去完成與他們的交流分享。

137 人與人的相處，最煩，也最美

人與人的相處，說難，也難，說簡單，也簡單。

有些人想到要與人相處就頭疼，覺得需要遷就、包容對方，幫忙處理爛攤子，非常麻煩；而有些人享受與人相處時的快樂，一起創造美好的回憶，彼此陪伴，相互依靠，這是區別於物與寵物，唯有人之間才能擁有的情感交流，讓人踏實無比。

如同愛讓人有了盔甲，也同時讓人有了弱點，與人交流能帶來煩惱，也能帶來收穫 —— 關鍵是，你選擇關注哪部分，成就哪部分。

138　相遇對於不同個體的不同意義

相遇這件事，只有一個人是做不到的，至少需要兩個人，或是一個人與一棟建築、一件事的相遇。

相遇過程中，我們選擇有意識地遇見一些人，為了那所謂的目標，完成某件事。實際上，即便你天資聰穎，想到的看到的也僅僅是自己在這場相遇中可以獲得的結果，而對方這個與你完全不同的個體，在這一場相遇中獲得的與你完全不同。就好像我們常說的使命感，事情開發了人的潛能，人的參與讓事情更有影響力、更向前推進，這就是不同。

如果只糾結於想要在一起還是錯過，那就是掉進了自己人為的、主觀的窠臼，一葉障目而不見泰山。

139　人與人之間，有連結的美好

每一天，我們與許多人擦肩而過。

時間流轉，我們選擇將一些人留在生命裡。不是因為必須有對方存在，而是因為有對方更好。

由於人的複雜性，人與人之間的連結常有許多種變化。即便如此，清楚地知道能夠與這個世界上的其他人建立連結這件事，讓我們不再感到孤單寂寞。

糟糕的連結帶有侵略性和獨占性 —— 你只能有我，不能有其他，彷彿世界和森林都不復存在，只有對方；愉悅的連結，

帶有包容與信心 —— 無論怎樣你都有我，所以你有勇氣去探索更廣闊的世界。正因為如此，在感情滋養中成長的我們才有機會站得更高、看得更遠，這是超越兩個人坐在一起的高級愉悅感。

感謝那個與你有連結的人，以及因他（她）而產生的「我」的反應，每當想起他（她），世界和空氣都變得溫柔包容。

140 朋友與戀人的不同存在意義

生活中有一種人，有了戀人就將朋友放在一邊，以為擁有了全世界。事實上，即便是從朋友關係變成戀人關係，對於個體來說，也是兩種填滿生活不同「色塊」的生活。

對朋友，他可以學著幽默；對戀人，他需要學著溫柔。對朋友，他可以訓練智慧；對戀人，他要提醒自己保持耐心……在戀人那裡學到的，有助於我們處理與朋友的關係，但在朋友那裡學到的，卻不一定能讓我們妥善處理戀愛、婚姻關係。更重要的是，我們與人交流的「雞蛋」需要放進不同的籃子裡，才能在有交流的同時不閉合，有能量流動起來而非死水一潭 —— 知音難覓，知己卻要兩三人，也是同樣的道理。

141 遇見一個特別的人不一定是戀愛

人的第六感很神奇，說不出來為什麼，卻無比正確。有些人，第一次相見，就有親近的感覺；有些人，第一次相見，你會主動保持距離。

我們常會漸漸遠離那些我們不願親近的人，我們又常常選擇為那些「被我們選擇進入生命」的人付出美好。

對異性戀來說，當生活中突然出現一位「想要親近」的異性時，我們常不自覺反應這是「對的人」。

如同愛情只是愛的一種，遇見一個人的機緣也不只因為對方是異性。這個人出現在你的生命中，除了跟你在一起，還有可能讓你體驗第一次想要主動追求一份感情，讓執著的你學會放下，讓隨性的你學著珍惜……在未曾相處之前的任何你以為的決定，都是對真相的限制。

但有一點我們可以確認，這樣一個你願意主動親近、給予信任的人出現，一定會讓你有比過去更深入、更深刻的成長體驗。

142 「一見鍾情」的其他意思

我們常用「一見鍾情」形容在愛情狀態裡的人，初次見面的人相互傾心會產生一種「化學反應」。

實際上，不但在愛情中，人與人之間，人與地方之間，都

會產生這樣的「化學反應」，我們願意花更多時間與這樣的人相處，也願意多去幾次這個地方，或是願意與一種興趣愛好、事業長期相處。

重要的是，在與之相處的過程中，我們的內在感到愉悅，而這些內在湧現的愉悅感讓我們逐漸「開發」自己，創造更多美好，有勇氣和動力去探索廣闊的世界。

143 相遇，與是誰無關

小王子和玫瑰花的故事讓人動容，花「勇敢」地告訴小王子「我可以」，然後讓他離開去追逐自己的夢想。

我們讀故事，總會添加太多的想像與意義，說不清是故事本身具備的，還是我們投射賦予的。

除卻那麼多想像，一個人與一朵花相遇，相互識別、相互關照、相互傾聽、相互欣賞，人的喜樂願意分享給花，花的嬌豔願意分享給人，這原本就是一件浪漫的事 —— 人與花都參與並點綴了對方的生活，卻不見得需要成為對方生活的一部分。

遇見花之前，人有人的經歷；遇見人之前，花也有花的白天黑夜。若雙方相處舒適、愉悅，何須思考太多是誰的問題，更無須自大到認為已然改變了對方，或是直接給予了對方快樂，你只是點燃了對方心中原有的快樂種子。

144　兩個人之間的緣分，不是人說了算

我們用邏輯思維來思考一下人與人之間的關係，它包含三個部分：一個人，另一個人，以及兩人之間，這三者必然並列地存在。

大多數人思考會不會在一起，什麼時候在一起，在一起多久的時候，都常常考慮自己和對方，而很難考慮到兩人之間，比如交流方式、緣分等。

事實上，即便我們期待與很棒的人建立很棒的關係，我們自己也為之付出 200% 的努力，對於每個人而言，我們也只能做到在兩個人之間無限接近 1.5，而不能等於 1.5 —— 由對方來完成那無限接近的 1.5，即便人和，也總需要最後的天時地利才能實現目標。

既然如此，不如放下你以為能夠「決定」關係的重擔，坦誠表達，盡自己的努力，與人相遇的原因從來不在於結果。

145　感謝那個讓你走進他生命的人

人與人之間的相遇很奇妙：有些人一生都不會相見，有些人擦肩而過，有些人相伴成長，有些人「執子之手，與子偕老」。過程中會發生怎樣的轉折，若非經歷過，都無人知曉。

那看似不經意的一次回頭，進入對方視線，都是一次「闖入」，若對方允許你因此進入他的生命，無論他是否仔細思考過，都是他的選擇。

因此，我們得以見到與以往所經歷的完全不同的世界，除卻複雜關係定位帶來的理所應當，彼此還有不同程度的新機遇，這是原本屬於個體的切實真相。

心懷感謝，對那個願意向你敞開生命的人。

146 親密關係對我們的重要性

親密關係並不只是你和戀人的關係，還包含你和那些親近的人的關係。

人是社會性的動物，在不能與更高維度建立連結的時候，我們需要與同類的人建立連結，在這個過程中學習了解、分享、分擔。

在親密關係中，我們打開自己，袒露自己的內心，與親密的人相處，以此來「看見」真實的自己，與自己同處。

好的親密關係讓人幸福感倍增，感受一個人與兩個人的本質區別，而糟糕的親密關係卻讓心門關閉得更緊。

無論你理解的親密關係那頭是誰，這終歸是你的修行。

147 愛一個人，只跟自己有關

冥想的狀態，平和、喜悅、寧靜，我們與那個世界的「一」融合在一起。

當我們的心打開時，我們會感受到喜悅；當我們愛一個人

時，我們的心也處在打開的狀態，所以思念是喜悅的。

遇見一個人，想要向他（她）表達愛意，感謝他（她）打開了我們的心，讓我們感受喜悅。

148　彼此試探，不如坦誠相待

人與人之間的相處，因為每一個人都不同，每個人又擁有不同的階段，所以變化無窮。

由於有限的時間與精力，「選擇」就成為很重要的一步。許多人選擇的方式，是在相處中默默觀察對方，需要保留一個觀察者的角色，如此一來又如何全心投入去感受對方？到頭來，只有困在「我選擇」的偽命題裡。

遇見誰，與誰在一起，放不下誰，都不是自己能決定的 ── 不如坦誠以待，全然體驗。

149　兩個人最舒適的相處，是彼此安靜也不覺得尷尬

與陌生人相遇，我們會習慣性聊起天氣、衣著打扮、新聞，製造一個不尷尬的友好交流氛圍。

見到想見的人，會有很多事情想要分享，常因為控制不了嘰嘰喳喳講個不停，過度的興奮，會在見面後更容易感受疲憊。

當我們與一個人無話可說的時候，雖然同處一室，卻如同兩個世界，冷漠已經超越尷尬，阻斷人與人的連結。

兩個人最棒的相處，不是雙方交換說話權，你說我聽，或是我說你聽，而是彼此不說話也不覺得尷尬生疏。你忙你的，我忙我的，我們此刻在一個共同的空間，可以不交流，也可以隨時交流，甚至可以不經過大腦思考就說出心裡要說的話，雖然看起來像個傻瓜。

自在地相處，自己的內心有感受，這是享受。對方也在享受。

150 熱情似火之後，平淡相處才見真心

看起來最簡單的菜，卻往往最難做 —— 有時候就是因為流程太簡單了，所以才考驗下廚者的手藝。

選擇與怎樣的人相處，許多時候我們都會立即選擇那個能夠跟你談得來，一相遇就滔滔不絕，彼此相互理解，像兩團火焰，彼此燃燒的對象。但這樣的激烈往往難以持久，就好像絢麗的煙火，瞬間光芒四射，仍舊要回歸平淡。

所以真正關係親近的朋友或愛戀，是經過了雙方的熱情似火之後，仍能安靜地共處一室，在一起又有獨立空間地和平共處。

151　與他（她）在一起就是全世界

許多人以為親密關係只存在於戀人之間，事實上，那些你願意歸類為對你來說最重要的部分，都可以算是親密關係 —— 父母、子女、好朋友、重要的合作夥伴。不同的關係成為不同面向的支撐，讓你擁有來自不同方面的信任、理解、支持，每段關係都是從你的內在搭建的向外橋梁。

幼稚、彼此消耗的感情，讓人心神疲累，感覺「麻煩」，寧願選擇在自己的世界裡玩耍，也不願「出去」；穩定、成熟的感情是滋養，打開了一條通道，路上不同的風景給予你信心去嘗試和體驗，同時進一步開發自己、綻放自己、看見自己的影響力。

所以人們說，一段好的感情，與他（她）在一起就是全世界。

152　擔憂與愛，總是一體兩面

陌生人最容易相處，因為無須刻意考慮太多。

越是親近的人相處越難，許多內容我們反而需要篩選說與不說，如何說 —— 而所有擔憂的背後，是藏不住的愛與關心。

擔憂與愛，總是一體兩面的 —— 對於我們不愛的，才不擔憂呢！

選擇擔憂，是因為我們不能相信親愛的他可以面對處理，

是間接地表達愛；選擇祝福，出於我們對他的信任，是愛的直接表達。

153 表達不僅展現了內在，更開啟了流動

足球或籃球比賽的魅力，就在於圍繞一個球，雙方「爭奪」，在「你爭我搶」的過程中達成進球的可能。

這與兩個人說話、談合作計畫是一樣的道理，總需要圍繞共同的話題、內容，然後開始你來我往的過程。

語言是我們彼此交流的工具，當一個人表達了自我時，就像拋給對方一個球，接不接、怎麼接都是對方的選擇，而接了就代表著流動的循環開始，這就產生了交流。

舊名詞背後的新意義

154 所有一切都是因緣和合

我們常以為兩個人的關係由人決定，一件事的成敗由人決定。

以「結果」為標準來看，確實是這樣。但這裡有一個隱含的前提，即有決定權的人相信這是「對」的，並願意為之付出「幾乎全部」的努力。

關係或事件之上，是人。人之上，還有更廣闊的「因緣線」。人能看到事件，卻難以明瞭更深和更廣層次的緣由和發展。此刻認為「對」，放在更長的時間維度中，未必對。錯也亦然。

盡人事，聽天命。不執念，不過度消耗，在過程中開啟覺察，覺察勢，才能順勢而為。

冥想，是第一步。

155　過去已過，未來還未來

有人說對冥想最好的解釋就是「什麼都不想」。

反觀平日裡所想的，不是過去種種，就是未來種種，當下我們常常不能想 —— 因為需要體驗，需要感受。

當我們想把冥想的精神運用在生活中，非常簡單直接的做法是，覺察出現在頭腦中的那些想法，無論過去與現在，提醒自己感受和體驗當下。對於那些無謂的擔心，也嘗試將它們放下，去體驗過程。

156　比起真誠面對別人，真誠面對自己更難

我們都希望遇到真誠的朋友，坦誠與人相交，感受彼此的信任，打開內在狀態的連結 —— 雖然在另一個人面前「暴露」自己的真誠需要勇氣，也需要智慧。實際上，在面對自己的時候，能夠真誠應對，也需要勇氣和智慧。

面對一件事情，腦海中「應該」、「不應該」跳出來的速度也許比心裡「喜歡」、「不喜歡」來得更快，而當兩種反應產生矛盾的時候，面對這個「混亂」的狀態比選擇性忘記或策略性放下看起來難多了 —— 要命的是，面對別人時，也許別人不能完全感受到你是否真誠，但面對自己時，自己都知道。

157 真誠面對自己是開啟內在成長的起點

小時候父母和老師都會教我們真誠待人，卻沒有教過我們如何去做。

真誠待人不是簡單地將內心全盤托出，也不是一個人時常跟周圍的人說「不好意思，我就是這麼直接的一個人」，這些行為都不算真正了解「真誠」的內涵。真誠沒有統一的標準，有些人盡力而為的真誠，卻可能是別人眼中的不夠真誠。

要學著真誠，請嘗試對自己真誠，真誠覺察、面對此時此刻的自己，心中所感受的，頭腦中所思考的，我在說的、我在做的、我全身心都是這樣認為的。真誠，很難，卻是與自己和解、開啟內在成長的起點。

158 愧疚感帶來的超高執行力

愧疚感，看起來不是個「好」東西，因為它常讓人感受到一些負面的情緒。

在整個事件過程中，得先發生一件事，讓人「產生」愧疚

感，然後才會有緊隨其後的補償行為 —— 恰恰是這些「補償行為」，開啟了彼此間的新交流。

對於一個不主動、習慣拖拖拉拉的人來說，愧疚感就像是引發高效執行力的魔術師，會帶來意想不到的結果。如果能夠識別愧疚、放下它，藉著它的行動力去做，就是開創了一個超棒的新局。

159　如何面對自己的「弱」

當我們去做些什麼努力改變自己原本「不行」的部分時，有些人甘之如飴，稱其為成長，有些人並不願意，因為感覺被某種難以言說的原因「改變」，甚至還會回覆一句「誰也不希望被改變」。

在時間有限的情況下，是充分發揮自己的天賦優勢，還是去補短？就像瑜伽系統中說人的身體有左脈右脈，最重要的是中脈，儒家也講求中庸之道，我們無法給出一個「簡單草率」的回答，因為無論選擇哪一種，都是單向選擇，單向選擇本身就是一種一葉障目的選擇。因為每個人都是強和弱的綜合體，「弱」中藏著我們需要的挑戰，「強」中藏著利用自己的優勢打破過往局限的方法。

不再為了功成名就壓抑天性，也不再完全順應天性，而是要回到中脈，找到自己的中道。

160 痛苦與被痛苦折磨，是兩件事

許多人覺得人生是來享福的，所以稍微遇到一點不如意就開始抱怨生活。而實際上，有些痛苦，伴隨年齡成長總需要經歷：成績考差時的沮喪、失戀的悲傷、失意的絕望……就算不是同樣的原因，每個人的痛苦程度不同，卻也會經歷同樣的沮喪、悲傷、絕望。

我們也許逃避不了經歷這些，我們卻可以選擇以怎樣的方式經歷和面對這一切，比如被折磨是一種面對方式，換個角度，看見經歷之後的收穫，或者感受到被人照顧關心，就是另一種了。

如果痛苦不可避免，我們可以選擇不被痛苦折磨。

161 轉向看似難，堅持才真難

許多人常把人生比喻成一艘正在航行的小船，有高低起伏，有陽光有暴風雨，朝著自己認定的目的地前進，有無限可能。

往前開，很容易；往後開，或是走回頭路，沒那麼容易 ——若不是在內心將前行目標調整，便很難實現。轉向看起來很難，要犧牲目標、面子等許多許多東西。

堅持，說起來容易，做起來難，因為即便轉向，也仍需要朝著目標不停前進，面對困難，面對內心，並且採取行動，這才是難。

162　舉重若輕的高級難

許多人覺得認真做一件事很難 —— 玩樂多輕鬆，無拘無束，要學著規矩和流程，還要按部就班完成一件事，且盡可能成效卓著，好難。

在提起一件重物時，我們需要學著蓄力。但實際上，舉重若輕比這個難得多，你不僅要「提得起」，還要能夠「做出輕鬆的姿態」，讓內心和其他正在進行的事不受干擾，這才難。

如果能夠「提起來」，試試舉重若輕，這會讓人學著放輕鬆。

163　懷疑的存在，是為了選擇相信

現代社會教育我們，要先學著懷疑，因為懷疑，才會發現問題，找到真知，而藉由這個過程，我們獲得成長。

相信是什麼？相信是對那些經得起我們推敲的內容，比如：一個人、一句話、一個真相，沒有來由地相信。沒有一直存在的懷疑，因為我們總會離開，或者放下，不去挑戰。

懷疑是檢驗，因為它，我們找到相信，選擇相信。

當你開始有懷疑的念頭時，選擇相信，這樣一來，我們相信的力量就變得更強，而心會依靠這種滋養，變得越來越強大。

164 「選擇困難」背後的祕密

生活中許多朋友卡在選擇困難，尤其在面對二選一的情況時不知如何決定：其實我沒有那麼在意；如果能夠同時擁有就好了；誰來告訴我應該怎麼選 —— 糾結半天，似乎仍在原地。

能夠進入「決賽局」的兩位「選手」，想必都擁有過人的實力，也常常互為補充，在這種狀態下二選一，無論怎麼選，總有對於自己來說重要的失去。所以那些越重要的選擇，越難選，彷彿斷的都是自己的手臂。

若跳出選擇關頭的時間點，我們可以藉由這「兩位選手」看見自己內在所真正期待的圓滿，而若要實現圓滿，需要多花點時間，使之成為自己可以理解的內容，不再著急做決定 —— 因為真正喜歡和熱愛的人、事、物，從來不參與二選一的對局，他們的出現，就是你的全世界。

165 與選擇相比，努力反而是簡單的事

生活中，為了達成我們想要的，我們努力識別、調整、嘗試、創新，過程中感受燃燒的自己。社會吹捧那些成功的人，宣稱他們在不斷努力的情況下才取得了想要的成功，於是許多人頭也不抬地默默努力，在被卡住的地方持續打轉。

在這種情況下，就要學習佛家說的：放下心中執念，方得清淨。

執念與努力，一線之隔，看你選擇放下，還是選擇拿起，一味努力地陷入一個選擇裡，反而不用面對那更頭疼的選擇了。

那些努力了就成功的人，往往因為他們發現了內心的熱愛與擅長，並在此基礎上努力，這樣的努力輕鬆且讓人愉悅。如果努力讓你感覺沉重，除了繼續向前，你還可以回來看看基礎 —— 你是不是選錯了努力的方向。

166　不選擇，也是一種選擇

如果把生活比喻成一條路，我們每一天都在向前走，而做出的每一個決定，都像遇到的岔路口。

路總是在前方的，都在腳下，在一條路上走習慣了，往往在下一個路口想都不想就會繼續往下走 —— 好比一個喜歡海邊風景的人，會出於慣性只選擇海邊的路，久而久之，就漸漸遺忘了高山。

在路口「不選擇」本身，就是一種選擇。因為腳下往前，路已經定了。所以不選擇的人，是把選擇權交給老天、事件、他人，也許他會猜測選擇的結果，但這就是他的選擇。

167　選擇本身，就自帶力量

許多時候我們卡在兩種或多種選擇間無從下手，彷彿這諸多選項讓我們能量耗盡。沒有人可以預知前路，那些越看重的

選擇，往往在決定之前更容易讓我們感受無力。

反觀那些我們已經做下決定的片刻，無論多麼艱難地選擇捨棄或是決定承擔，那一刻，我們的內在是有力量去面對這一切的。

看看那些在做了決定之後有力向前推進的人，並不是他們本身具備多大的能量，往往是在艱難的選擇之際，頭腦清晰地知道自己為什麼這樣做。越清晰，越沒有反覆，越能夠有力延續，去面對無論如何選擇都將面對的未知。

168 「對不起，我就是嘴笨」

用談戀愛的例子來比喻，會很容易明白：年輕的時候，我們喜歡聽甜言蜜語，所以聽到那些好聽的話，我們很容易給予信任。稍長一些之後，我們漸漸將注意力轉移到眼睛上，比起對方說了什麼，似乎對方做了什麼更能成為我們選擇相信與否的「證據」。

藉由這些「證據」的拼湊和還原，我們自己分析出一個真相，給予信任 —— 這是「我」的參與感，也是成熟的表現，除了聽，我還從多個不同維度觀察和思考。

所以越來越多成年人保持沉默，選擇去做，因為做比說重要。可是別忘了，做，為對方做，也是一個人按照自己想的

做，只有說出來，才有交流，才能知曉對方的想法，做出恰當的調整。

做，代替不了說；說，為做找到更恰當的方式。

169 善良的人，需要先練就一雙慧眼

小時候我們被教育要做一個善良的人，為別人著想，盡力幫助別人。進入社會後，面對現實的殘酷，許多人漸漸收起善良，與他人保持安全距離。都是一樣的善良，背後卻有不同的原因。

有些人的善良，是因為知道不善之後會給自己帶來無法承受的結果，所以只能選擇善良；有些人的善良，是因為並未觸及他所在意的小世界，所以他選擇善良；還有些人的善良，是為了完成自己的「善良」定義，殊不知是養虎為患；還有些人的善良，是為了「交換」一個更好的結局……。

在自己需要的情況下，仍舊選擇分享給同樣需要的人，是善良的呈現方式。善良的人，容易被「弱者」欺騙，因而直接交付好意。

要做個善良的人，需要先擦亮眼睛，若你交出的善心滋養了對方的欲望，這是善，還是不善？

170 為什麼說社會是個高級修煉場

許多人期待尋找一處寧靜的山間、田間小屋,安放自己的心靈,「開始修行」,回歸內心。更多人覺得這是一種不切實際的行為,在做看起來不可能的事。而實際上,這只是開始。

這像極了給自己一個真空環境,慢慢讓內在變得清晰 —— 這很重要 —— 那些在現世磨練中開始形成的清晰、準確讓你擁有力量,尤其在全力以赴的時候,因此環境沒有想像中那麼重要。

171 盯著問題,眼裡容易都是問題

成長過程中,有一個取巧的方法:盯著那些發生問題的地方,解決了它們,就能更好更快地向前推進。

時間長了,就慢慢有一種新的狀態產生,思維的訓練成為習慣,我們會變得善於發現問題,並且處於「發現問題 – 解決問題 – 發現問題 – 解決問題」的無限循環中。或許每個人都有數不清的「問題」,「我」像一只陀螺,一路奔忙。

當「問題」出現,除了解決它這個看似唯一的存在目的 —— 別忘了那些解決不了的問題,讓我們學會了耐心和接納。

172　問題出現，別急著解決

我們似乎習慣了，在順境中休閒放鬆，肆意玩耍，但問題出現時，需要繃緊頭腦，嘗試解決。

所以在發現問題的那一刻，就似乎打破了舒適的循環，我們著急地帶著想要解決的心態 —— 研究、破解、跨越、成長。不同的問題讓我們絞盡腦汁、拚盡全力，總希望快一點、再快一點解決，似乎解決了就可以回到空閒中，直到下一個問題出現。這樣一來，問題一出現，我們就將自己放在了對立面，企圖打敗它。

若在發現的時刻，不著急解決，而是微笑著看它，問問自己它此刻出現的意義，是來幫助自己突破怎樣的局限 —— 問題原本就不是「對手」，而是「幫手」。

173　理智不能解決所有問題

現代教育常常訓練我們的理性思維，辯證法、唯物論等都希望人們能夠不被想法和感受牽著鼻子走，可以更加客觀冷靜。

在做事上的成功累積，也讓我們情不自禁訓練著理性，似乎理性了就不容易失控，不失控就更有安全感。可是正如我們的左腦和右腦分管不同的「象限」，在理性範疇內走到盡頭便很難解決感性範疇的問題，比如我們放不下的人和事往往是理性上分析過無數次「應該」放下的。

與理性同樣重要的，是給自己時間，感受生活，感受現在。

174 所有此刻的發生都是恰當的發生

古語有句話：人生不如意事十之八九。雖然我們都會為了想要做的事全力以赴，卻難讓事情盡隨己願，難以輕易如願才是常態。

許多人遇見失敗便惶惶然，當事情不如意的時候，也常有同樣的感受。我們也常因為情緒，難以看見事情的本來面目：這一切，究竟如何而來？

試想，若我們做什麼都能輕易實現，那內心創造的原動力又要去做什麼呢？正是因為不曾如願，所以我們有機會用和以往所不同的方法嘗試完成 —— 在這個過程中，我們漸漸充實、成長，在事件的磨練中成為自己。

175 如何理解「萬物皆由心生」

在佛教禪宗六祖惠能的故事中，有一則僧人在爭論風動還是幡動的故事，惠能說：「不是風動，不是幡動，仁者心動。」

如果我們討論客觀事實，起風了、幡動了 —— 這是可被驗證的客觀事實，心動與否，似乎難以驗證。

而惠能大師之所以提及心動，不是因為心動這個原因產生了幡動的結果，而是說心動所以觀察到幡動，因幡動而思考和感嘆。

這像極了我們突然聽到一首歌，想到一個人，潸然淚下。歌是風，淚下是幡動，心動則是憶及某人。

心動的覺察、牽引，與風動、幡動的呈現並不在同一維度，所以風在吹幡在動，並不是所有人都發現了、思考著，而是那個為其心動的人。

176　與其等風來，不如努力爭取

當生活中面臨一些「食之無味，棄之可惜」的選擇，我們不免踟躕。不做，一切看似照舊；做了，機遇似乎並不是太合適。卡在做與不做的路口，像極了先秦諸子儒家和道家的爭辯。

我們常說內在的矛盾都是由「我想要」和「我不應該」產生的，所以我們常常陷在二選一的矛盾中，不知道如何選擇。

除了卡在現在的「兩難」，我們還需要注意一件事 —— 大千世界那麼多事，為什麼我們會去糾結這件事？事實上是因為內在的自己對這件事是「動心」了的，要不然不會花時間糾結。

內在的選擇早已清晰，糾結可能是因畏難而不肯行動的藉口。

177　放下恐懼，全然經歷

我們常說，要勇敢，對於那些未曾經歷過的事情，去做、去經歷。

除卻那些無知者無畏的勇氣，我們透過心理暗示「逼」自

己面對「恐懼」，我們還可以有另一個選擇：梳理清晰、明白自己的現在和目標，彷彿有了一條對比線，也彷彿有了一個燈塔，可以有勇氣去經歷那過往不曾有，甚至以往所恐懼的事情。

不需要再有一群人或某個人在一旁給予鼓勵，而是相信自己一個人就可以去面對這一切，如此，才會放下害怕，全然經歷。

178 顫抖，不只是因為害怕，還因為興奮

我們對許多事情都有固定的認知，比如看見一個人臉紅，就以為他緊張了；比如看見一個人大聲說話，就以為他生氣了。

很多時候我們的以為都是自己的經驗所得。而那些經驗越豐富的人，越容易陷入自己的經驗中，卻不曾想起，有時候臉紅是因為喜歡，有時候一個人大聲說話是他平常就嗓門大……。

同樣地，當我們面對過去所不能面對的事情，而感覺到身體微微顫抖時，除了原以為的恐懼害怕，還有可能是因為終於要開始挑戰難關的興奮。

那曾經令你害怕的，跨越後必會使你成長；那能夠讓你興奮的，就是內在勇氣和創造力的源泉。

冥想，讓人突破自己經驗的局限，去感受到新的、真實的狀態。

179 緊張與興奮，是讓人分不清的雙胞胎

在眾人面前發言，我們常常會緊張；旅行即將開始，我們常常會興奮 —— 若搭配具體的事件，我們很容易區分是緊張還是興奮。

但如果拋開前因後果，只感受自己，會發現這兩種反應極其相似：心跳加快，思維和感受器官都變得非常靈敏，甚至不斷想要「輸出」（無論汗水還是跳躍），它們在這個層面如此一致。

所以在消滅緊張、放大興奮之前，先明確知道「這件事對你很重要」這個重要訊息，再試著讓不平靜回歸寧靜，這就是內心的修煉了。

180 期待與執念，一線之隔

我們常說，希望收到怎樣的結果，或故事有怎樣的結局，有些人真的只是心懷期待，而有些人卻執念於內心想要得到的。

如果這兩者都是「希望得到」，那麼區別在哪裡？

前者，有希望，卻不強求，將重點放在過程，盡人事聽天命；後者想要結果以至於可以為達到目標拚盡全力 —— 這與拜佛過程中的「虔心祈願」和「利益交換」類似。

不同心態導致的結果自然不同，而這些不同又導向新的開始，若不在覺察中漸漸清醒，失之毫釐，將謬以千里。

181 為什麼我們要放下期待

現實生活中，許多人重視期待，甚至將期待視為前進的重要動力，似乎因為有了如此重要的期待，我可以爆發出 200％ 的潛力，去完成和實現期待，讓期待成為現實。

這 200％ 中多出來的 100，是否是對自己身體和將來的消耗呢？

試想，期待是我們站在現在，去「定義」將來，在時間的橫軸上，將來總是比現在更具有智慧 —— 其實我們無論如何定義將來，都是在過去的慣性思維中，因為想要，是「過去」想要。

所以，心懷期待，確定目標。一旦上路，就放下期待，隨緣盡力，你會收穫你需要的。

182 平靜的悲傷中蘊含接納的力量

日常生活中，許多人習慣於逃離悲傷的感受，似乎這是一個無底黑洞，將自己整個身心捲入，難以翻身。

說話、吃飯、抽菸、喝酒、逛街、購物 —— 成為讓悲傷快速經過的方式。我們似乎被迅速經過的悲傷施打了某種「快好藥」，直到下一次類似的事情發生，才會再次讓人感受沉淪。

與悲傷共處，會發生什麼？

痛哭流涕 —— 流淚 —— 面對失去 —— 學著接納 —— 平

靜經過 ——　與悲傷共處，下一次再次發生，不是恐懼抗拒，而是內心的淡然沉靜。

183　害怕產生無力，勇敢生出智慧

年幼的我們常常無所畏懼，勇於嘗試，但此時的勇敢是無知者無畏，是初生之犢不怕虎。

長大以後，因為會思考會總結，所以我們常常產生害怕的情緒，那些不好的經歷、不好的結果常常浮現在我們的腦海中。甚至在我們「預想」到一些將要發生的事情時，內心會隱隱擔憂……而那些未放下的擔憂又往往會成真，讓害怕不斷疊加。

但反觀那些我們能夠「吞下」的最糟糕的結果，選擇勇敢面對的，除了收穫內心的力量之外，還有面對未來需要的智慧。

既然躲不了，不如勇敢面對。

184　堅強與撒嬌，是它們彼此的功課

現代社會教育我們學會堅強，因為唯有堅強，才能面對世俗中那些無法預知的難題。

堅強的人，像鋼鐵一般堅硬，足以抵擋風霜。撒嬌的人，與此完全不同。她能夠暴露和展現自己的弱點，這本身就是對對方心懷信任，似水，是流動的、柔軟的。

若只會撒嬌，無疑嬌弱背後「有求於人」。若只會堅強，便無法理解情感的需求，成為「鐵面無私」的人。

從撒嬌到堅強，需要耐心地引導；從堅強到撒嬌，需要信任與被包容。

185 二元對立，本是同根生

因為想要更全面客觀地了解這個世界，需要更詳盡準確地描述這個世界，所以我們學習二元對立的方法。

只是有時若被方法「陷害」，我們會很容易掉進二元的陷阱裡，以為愛的對面是恨，寂寞的對面是熱鬧，而忘了二元來自同一個根，就像樹的南面和北面，相對而立，卻從不真正對立。它們只是像極了對方的另一面，換個樣子出場，而真正的對立面，在整棵大樹之外。比如，愛與恨的對立，是冷漠；寂寞與熱鬧的對立，是內在的安靜與豐富。

186 選擇分享，也一併選擇了分擔

關係疏遠的人，不是指血緣或法定關係，而是指那些內心判斷為「疏遠」的人，往往比較好相處，因為隔著一個安全距離，無論怎樣都與彼此不太相關。但那些在我們認定的「親近」範圍的人，相處起來就難多了，這裡面有太多的「原本應該」與「理所應當」，或是「為了你好」，或者「怕你擔心」。

一切不過是我們的自以為是。

我們將對方列為親近之人，是願意與他們分享我們的內在 —— 快樂與美好，憂傷與脆弱，那無論展現與否都真實存在的我們。親近的人是我們選擇讓對方看到更多我們內在的人。

只有分享沒有分擔，一個人受累，另一人被護得周全；只有分擔沒有分享，兩顆心都苦累，這已背離親近關係的初衷。

187　當你開始說「我不要了」的時候

小的時候，時光匆匆，並且通常情況下回憶起來都是些讓人歡呼雀躍的事，似乎年幼時，我們不太會有深入的糾結、徬徨、不知所措。

成年後，煩惱會多一些，常常內在就開始了自我拉扯，總有一部分的自己，像個愛哭鬧的小孩，知道自己想要什麼，卻難以正常表達，還時不時滿地打滾，鼻涕眼淚一把，就為了告訴你：那個東西對我很重要，我想要。

似乎每一段過往都有一部分「當時」的自己被留下了，要求被看見、被尊重、被滿足。於是，那時的我們一看見機會，就會開始哭喊著要求得到，無論最後得與不得，都是一個「缺乏」的自己在叫喊。

無論經歷了什麼，或者以怎樣的方法說服那個留在原地的「自己」，當他開始拍拍灰塵，抹乾眼淚，大聲說「我不要了」

的時候，那一部分的自己，便開始往前走，與現在的你合在一起。

188 夢境帶來的提示

人們常說，夢是距離潛意識最近的，我們常常可以透過夢境了解到一個人的潛意識，而潛意識和內在的自己最為接近。

想像每天經過我們身邊的訊息像海浪一樣多，而我們的思維和意識就像篩過海浪的篩子，希望能夠發現有趣的貝殼或海螺。

我們要做的、思維決定去關注的就像拿到手裡的大篩子，而夢境則像是精確無比的小篩子 —— 我們常關心篩到了什麼，而只有觀察篩子本身，我們才有可能變換不同種類、大小、材質的篩子，來讓生活出現新的不同。

所以夢到的人、事、物，可能正，可能反，但已經出現在夢裡的，就是對於最內在的我們來說，內心在意的，想要嘗試接近或得到的，且需要去面對的。

189 偶爾試著跳脫出經驗，就是新的拓展

我們習慣於累積經驗，因為經驗讓我們往前走，走得更遠、更穩。

但也正因為如此，經驗成為我們的限制，對於那些我們習以為常的事情，常常不再花費時間精力 —— 就好像我們習慣於

有些朋友就是這樣的，有些事情就是這樣的，難以對變化產生
覺察。

　　偶爾跳脫，換一種思維去感受，以一個全新的、沒有經驗
的自己的心態去尋找新鮮感，這不僅是自己過往的放空，還是
新思維或視角的發現。正是這些拓展了我們觀看事物的角度。

190　急，是最不容易被發現的隱形炸彈

　　生活上我們都知道要戒驕戒躁，驕傲比急躁容易多了——
提醒自己謙遜一點，多學習一點就能漸漸戒掉驕傲，但是，提
醒我們自己不要那麼急躁，慢一點，放輕鬆，似乎往往很難有
那麼好的效果。

　　如果說一日三餐裡難以顯現急躁，那麼我們在行動、做事
的過程中，是最容易與急躁共舞的：想要快點看到電視劇的
結尾，想要趕工把工作做完，想要趕緊見到那個思念了許久的
人……。

　　不知不覺間，急躁與動力混為一體。

　　能夠在行動過程中發現自己的急，並且透過調整讓自己安
靜下來，踏實經歷現在，就是心的修煉。

191 快，還是慢

從小到大的教育都讓我們學習快，快點考到 100 分，快點小學畢業，快點念大學，快點工作，快點結婚生子，彷彿有人在背後追趕，我們需要快一點實現目標。然後我們的大腦轉速快了起來，嘴巴快了起來，連手腳、打字速度都快了起來。

快起來時，我們常為了目標和結果「犧牲」自己。和慢相比，快更容易。

真誠對待目標，會啟動「快」；真誠對待自己，會啟動「慢」。目標沒實現，有可能是方法不行，而我很「糟糕」，就只能慢慢去消化和打破自己的這種誤解了 —— 這唯有慢下來才能做到。

只有在這樣慢慢的修正中，你才能成為自己，才有機會輕鬆不費力地在人生路上快起來。

192 別急著下結論

無論遇見怎樣的人、事、物，我們總會依據自己的喜好做出判斷：喜歡的，接近了解；不喜歡的，遠離走開。

我們很少有機會想想，這個喜歡不喜歡的閥門究竟為何而開？

喜歡蘿蔔青菜，哪有什麼道理 —— 也許能夠說得出一大堆理由；即使事出必有因，但其實喜歡與不喜歡，更多時候只在那個當下。

　　小時候許多人討厭吃苦瓜，長大以後就吃了；《大話西遊》初看時覺得好笑，十年之後再看，已經笑不出來；年少不聽李宗盛，聽懂已是不惑年。

　　別急著下結論，也許人、事、物沒變，是我們在變。

193　是為你忘記自己還是全都由我說了算

　　成年以後的我們，越來越聰明，聰明到不會傻傻地去做不擅長的事情。我們常常可以在我們擅長的領域裡自己說了算。

　　在同等時間精力範圍內，自然不擅長的部分變得越來越生疏，當生活中需要面對這些領域，也是以極低的姿態進入，像極了愛一個人時低若塵埃的樣子。

　　忽而像霸王獅子，又忽而像單純的白兔，若對方了解、接納還好，否則會生出許多事端，但重點是：為什麼你的世界裡只有「成王」、「敗寇」這兩種？

　　耀眼時能夠看見自己的弱點和別人的閃光之處，渺小時不妄自菲薄，嘗試表達，不放棄探索 —— 這是為自己而努力。

194　感謝那些讓自己發楞的時刻

　　成長的重點就是，我們已知的越來越多，未知的越來越少，而建立在已知基礎上的自信感，讓我們能夠面對未知。

　　只是別忘了，我們是面對印象中、慣性裡的未知 —— 當那

些超出我們意料之外的事件發生時，無論呈現與否，我們都會先「楞」一下，那個自信的自己想要應對，卻由於「新的經驗」缺乏而無從應對。

但正是在這種真實的「楞」中，我們回到那個原本的自己，就像有些人說，情場老手在遇見喜歡的人時也會本能地不知道說什麼。

經歷過「楞」，就會有新經驗的收穫。

195 對那些突如其來的事保持覺察

如果能夠選擇，大家會跟隨慣性，走一條「老路」，因為輕鬆，因為可掌握，因為無須面對需要傷腦筋的未知，彷彿湖面的所有者，知曉這片湖裡的一切，讓湖水保持安寧。

而那些突如其來的事情就像一場意料之外的風，將湖水吹動起來，不知道會出現怎樣的變動，所有的不安中，驚喜與驚嚇是比例相當的存在。

重要的是，對於那些突如其來的事，喜歡或討厭都無法阻攔它的存在。與其浪費時間試圖改變已經發生的，不如保持覺察，看看這陣風對湖水產生了怎樣的攪動，又吹來了哪朵花的芳香，所有這一切組成了此刻新的湖。

196　體驗情緒有波動的階段

我們都知道要有平常心，有平常心才能讓我們不以物喜，不以己悲，這是很高的境界。

許多人透過「克制」讓自己實現平和；而有的人在時間的流逝中慢慢習得平和。

無論是以上哪一種，作為一個普通人，生活中那些會引發我們情緒波動的事情總會出現，它到來的時候，我們在拓展自我，此時感受到的緊張、慌亂，不止與不安相關，更與興奮相關。

嘗試深呼吸，去經歷這段以往不曾有的新旅程就好。

197　情緒的轉化都在一念之間

有時候我們遇見一些事，不假思索地就會有某種反應，類似於自然發生，像一個按鈕，可以自然啟動。比如母親一嘮叨，我們便會煩躁不安，嘗試不理、不看、不回應。

實際上，在這些「自然」發生的情緒反應裡，藏著我們過往對類似事件的認知，我們判斷它的好壞，喜歡便接近，討厭便遠離，這「不自知」的認知控制我們的情緒和行為。

要調整這一切，需要更換新的認知，讓我們看見那事件發生的更多面，甚至更接近事實的部分，在新的認知中會產生新的「我」、新的理解。

198 為什麼要去清淨之地

我們無時無刻不處在環境中，被環境影響，也以自己的方式影響著環境。當生活中自身的平衡難以維繫，無法平心靜氣冥想的時候，我們也可以借助外在的力量幫助自己找到平衡。

環境是由一個人、幾個人、許多人共同建立的能量場，寺廟、道觀、教堂，甚至博物館等地方是由許多人的同一目標和理想構成，所以更容易形成某種獨特的能量場。如果它本身是安寧、穩定、正向的，就會給你「新」的影響。

當然，前提是你除了用眼、用耳、用腦，還要用心去感受，建立連結，比如，晨鐘常常與聽覺和頭腦同頻率，讓自己醒來，暮鼓與心臟同頻率，在感受中從原有的糾結中跳脫出來，進入一個新的狀態去面對、去處理事情。

199 皮膚是一道環境監測線

大樹有樹皮，作為跟環境最大面積的接觸，也成為內在樹幹的「保護者」。皮膚，就是我們的皮。皮膚之下還有肉、筋、血管、器官、骨骼，都由不同的細胞分子組成。只有我們的覺察和感知能力打通或恢復的時候，我們才能覺察和關注到細微的變化。

回憶一下，空氣不好的時候，鼻子的反應會很明顯，但在頻繁打噴嚏之前，鼻翼的皮膚就會開始有些紅癢，肌肉緊張了。

所以到一個環境中，我們可以透過皮膚本身的反應系統來感知環境，當我們難以察覺到內在發生變化，也可以透過皮膚的顯性表現來發現。而我們對皮膚的感知力活化著每一個細胞，這可以在冥想的狀態中，溫柔實現。

200　敏感究竟好不好

敏感的人常常多愁善感，在許多別人還沒有感受到的情感波動上，他常常先覺察，然後分不清是別人的還是自己的，或是先掉進別人映照出的自己，感時傷懷。如果是這樣，在敏感的人身邊，常常很辛苦，需要小心照顧他的情緒，謹小慎微。

但敏感也意味著這個人與外界的溝通狀態，觸角敏銳可以感受到周圍的細微波動，這原本的天賦若發揮出來，將讓人快速地覺察、反應、行動，更加了解對面的人和周圍正在發生的情況。

只有先敏感，才有機會變得敏銳。敏感的人，先要學習保護自己，區分這些情緒感受是否來自自己。

201　天氣引發的內在需要

遇到不斷抱怨工作環境、想換公司的朋友，我常常勸他：環境不是最重要的，你自己才是。

確實，能夠被環境干擾的人，自我的內在也許並不那麼清晰、有力，弱小的內在火苗不知能否對抗外在的「強大」環

境。許多人離開是擔心被同化，失去自己。

環境再重要，也需要透過內在發生反應，這是我們可知的、可選擇的，而天氣不會。

在同一片大氣環境包裹下，我們「只能」接納，並且伴隨天氣的給予而引發內在：好天氣，我們心情愉悅，相約出遊；下雨天，我們彷彿被按了放慢鍵，回首往事，感受自己。

這也是屬於內在的階段性需要。

202 陽光與月光，如此不同

生物學上說，晒太陽有好處，有助於活化身體裡的快樂因子，增加身體抵抗力，讓人擁有力量。

溫暖的陽光，讓人舒適；炙熱的陽光，讓人難忍。如同恰當的力量，給人幫助，多餘的力量，成為麻煩。

月光不同於陽光，始終給人清亮的涼意，始終與人留有距離，卻因為「如一」而給人某種難言的穩定和平靜的力量。

所以當你缺乏力量而想要能動的力量時，應該晒太陽；當你需要平和的靜的力量時，就沐浴月光。

203 虛弱時，體會當下的幸福

許多情況會讓人胡思亂想，比如生病、遭遇困難、心情沮

喪。如果能量也會相互傳染的話,這些看起來比較「負面」的部分,常會相互連結,讓人感受到虛弱。

如果說強悍的外表不見得是真強悍,有可能是過度偽裝,那麼虛弱無力時的感受就稍顯真實,因為除了自憐的誇大,對自己來說,其他都屬實。

除卻這些相互干擾,我們還可以衝破「情緒次元壁」,想想此刻的自己,更像一個活生生的人。也因為此刻,我們發現朋友和家人的重要,能夠享受被人惦記、照顧的幸福,在這個過程中,我們的心也漸漸變得柔軟起來 —— 這都是當下。

204　承擔壓力的功效

我們常用「水」來比喻內在,比如「如人飲水,冷暖自知」。

想想平日裡與水的接觸,若自上而下(洗手時),我們會感覺被沖刷;若是在水中游泳,我們會感受到水的擺動帶來的推動力;若是許多水撲面而來,我們就會感受到強大的壓力了。

壓力來時,緊張恐懼常尾隨其後,而緊張常會讓人變得「硬邦邦」,在面對壓力時,容易遭受撞擊。

但如果我們調整內在,回歸「水」般的流動,嘗試承擔這種壓力,再找到恰當的方式「泄」出去,則會增強我們內在的彈性。

205 旅行的另一種功效

社會教育我們，要為了想要的目標全力以赴。可是佛家又說，放下執著。這全力以赴與放下執著之間的差距或平衡，才是最考驗智慧的地方。

可是旅行不會有這種衝突。

當我們去旅行，無論之前已經做過多少功課，在踏上那片土地的那一刻，我們就在認識、了解、融入一個全新的環境。在這全新的「未知」中，與其說我們放下了執著，不如說我們還沒能顧上自己──於是放下了自己。當我們放下自己，才有可能站在另一個角度，觀察這已經發生的一切。

所以卡住的時候，去旅行，也許會收穫全新的視角。

206 如何學會放下

如果時間由過去、現在、將來三部分構成，過去永遠壓在我們頭上，因為無法改變。而過去的種種，成就了我們的現在，努力造就機遇，懶惰讓一切錯過。似乎每一個我們，若不覺知，都是活在自己的過去中的。

如何走出過去，放下過去？說起來簡單，可是，該怎麼放下呢？

過去已經過去，現在正在發生，將來還未到來，放下就是不念過去，不期將來，感受現在的一切。比如，此時此刻，你正在閱讀這些文字，體驗內心的感受。

207　放下的技能如何練習

生活中許多人都有執念，都知道解決的方法是放下，卻不知道如何才能放下。

試想，我們去買東西，拿起來，放下去，看似是一個簡單的動作，與思維心念上的放下相比，同樣的事，都是放下，技巧也相同。

冥想的練習過程中，需要覺察自己的呼吸、身體感受、思維，然後放下對某個點的特別關注，讓緊張變成自然。

所以，每天的冥想練習，都可以鍛鍊自己的「放下」技能。和其他技能的獲得一樣，練習久了，才能靈活運用。

208　走過一段路，停下來的重要性

如果人生就是一場旅程，我們從一個站點，到達下一個站點，再繼續。現代社會的許多人，忙著到達，其實不見得對自己有什麼意義，卻可以享受比別人先到的快樂。

若一直往下追趕，似乎看不見盡頭，因為下一站之後還有下一站，我們的眼睛始終盯著前方，只有目標。

到達一個站點，也可以停下來、低下頭，看看來時的腳印，總結自己喜歡走陸路還是水路，擅長什麼，這往往能讓我們擁有與內心有關的選擇權——下一段路，我想去哪裡？想要如何走。

停下那一刻，需要的覺察與對自我的「看見」，就來自冥想的練習。

209 休息的片刻，應該做什麼

當我們雙眼盯住目標的時候，很少會有休息的時間，因為我們習慣於為了想要的目標犧牲自己，尤其在年輕的時候。

當我們有機會選擇休息，或是時間讓我們停下來休息，這都是一個絕佳的「突破」點。

因為停下來，我們不再需要執著於想要實現的目標，我們不再能夠用眼前的匆忙麻痺自己，我們可以有時間面對真實的內心，我們也有機會欣賞一直被忽略的藍天白雲、綠水青山，以及身邊的人。

這與階段性忙碌和停下來出門旅行是完全不同的概念，而是可以嘗試將這兩部分結合在一起，因為生活原本就是一體，無法被人為地一分為二。

深呼吸，安靜下來，用意識讓身體休息、連結、滋養，感受重生。

210 快樂和喜悅的區別

每逢節日，我們常常會以「天天快樂」作為對對方的祝福，表達我們的美好祝願。而快樂通常都是指那些由外在事物

引發的興奮的、愉悅的心情。生活在這樣的情緒中，可能突然間感到非常開心，可惜情緒處在變化中，快樂總會對應沮喪。

喜悅卻不同，它來自內在的、平靜的愉悅感受。因為沒有上揚，而能讓我們更好地保持穩定。

追求快樂，不如在冥想中感受喜悅。祝福你的每一天：喜悅隨心。

211　超級開心的狀態不是常態

想像人的內心是一個罐子，能夠走入內心的人會帶給我們某種情緒，情緒越多，罐子越緊繃，甚至累積到一定時間就會「自然」爆發。

這是我們通常會遇見的「糟糕」的一面，所以許多人寧願選擇轉移，或者不聽不看。

但它的背面，那些興奮雀躍的開心，就是這個「糟糕」的反面，是傳統意義上的「精彩」。

一體兩面，只指同根，它們有不同的表現形式，「根」的部分是心動，甚至亂動，以致以物喜，以物悲，讓能量在情緒中消耗而非積蓄。

看見這一切，不爆發，不激動，嘗試轉化，才有機會進入更深的平穩安寧。

212 開心激動時，反而難以保持情緒穩定

若是簡單地將情緒分為兩類，自然有正向負向。那些正向的，讓我們輕鬆雀躍，向上，甚至想飛；那些負向的，沉重束縛，拉扯我們向下，甚至墜落。

而我們面對自己情緒的方法，是找到「平衡」，負向的時候拉回平衡線，正向的時候不放飛太遠，也回到平衡點。

如果說成長是向上，我們所受的教育也在指引我們向上，那我們「向上拉」的能力經由訓練要好得多。那些我們不常意識到的，「向下壓」回平衡線的能力，就需要有意識地覺醒、有技巧地實現了。

213 對號入座的行為，提醒我們免於自大

人們常透過微信朋友圈表達日常生活感受，或喜或悲，或怒或哀，呈現的內容也或長或短，全依個人喜好而定。發出訊息原本沒什麼針對性，卻常被人對號入座，開啟另一輪思考：我最近做了什麼嗎？

以人為鏡常反思，不是壞事，只是不能忘了在思考這一切的自己不是平面鏡，而是自己的解讀，並不能代表對方的真實表達，就像戀愛時男生不接女生電話，女生在腦海中上演了一整齣戲，最後卻發現男生只是臨時被老師叫走忘了拿手機。

最初的想像，都是自己認為的，若這件事快要激起「我」

的思考，可以先試著問問對方，也許這樣的交流也是在創造溝通的機會。

214　當你對這個世界或某個人失望

生活中我們常常遇見的一種負面情緒是失望。被失望的情緒籠罩時，我們常常也會覺得沮喪，然後一點一點往下掉，彷彿距離希望越來越遠。

在感受上，這可能是事實。但另一方面的事實是：你真的在意這件事、這個人、這個世界，或是你在意的這一切原本有機會可以一如你的心願 —— 因為失望只產生於它沒能如願。

如果希望是期待，是起點，失望便是一次嘗試之後的結果，那麼一次失望如何能夠抹殺希望？

為你所期待和在意的目標而努力，是接下來能繼續做的。

215　成與敗，只與你有一半關係

我們每做一個決定，從結果來看，都有「成」或「敗」兩種可能，而兩者的比例各占 50％。

成，則皆大歡喜；敗，則成為反思或墮落的起點。

若成，需要天時地利人和；敗，則更容易看見性格：一些人怪自己，一些人怪別人，一些人怪環境……。

所有不歸「我」的原因裡，「我」至少占 50％，因為「我」

選擇了「被影響」，無論無意識或無所為；而「我」也只占50%，因為除卻自己努力以外的事情，「我」無法掌控。

能明白這些，成與敗就都是豐富經驗的方式，本質上沒有區別。

216 遊戲裡可以學到的生活哲學

科技發展帶來的便利讓我們有越來越多時間解放雙手，閒來無事的時候，遊戲成為許多人的選擇。

無論哪一種遊戲，都有幾個共通點：遵守規則、體驗輸贏、玩得開心——一個是起點，一個是終點，一個是過程。

所以不愛玩遊戲的人，常被惱人的規則擋在了入場之前；看重輸贏的人，似乎精疲力盡，讓身體為思維犧牲；不動腦子的開心，終有局限。唯有那些能讓人體驗這三個階段的遊戲，在遊戲中體驗過這三個階段的玩家，才有機會悟到：人生，是一場遊戲，也只是一場遊戲。

然後，帶著遊戲的心態，去經歷它。

217 贈人玫瑰，手留餘香

「穿越」是指從現代帶著「先進」回到古代，但若有古代人「穿越」來到現代，大概會認為現代人失去許多品格，比如善意、豐富、高貴。

當我們感到迷茫，常會轉頭看看旁人，別人有，我沒有，於是引發焦慮，無意識開啟追逐，即便並不知道那是不是自己想要的 —— 追逐背後，仍舊有一個空乏的內在等待被填滿。

而內在富足的人，就不會急著尋求補充，反而因為感受到豐盛，而願意付出和給予，就像水滿溢出一樣，是一個自然而然的過程。在付出與收穫中，人與人之間建立連結，人與人之間的關係開始如水一般起伏變化。

真心的給予與收穫是同時發生的，是彼此共同的享受與體驗。

收到玫瑰的人內心愉悅，而贈人玫瑰者，並不期待對方的生活因為這一枝玫瑰有怎樣的改變，而在能夠給予玫瑰的心境中品味著手留餘香。

218　等待，正在創造安靜的美好

快節奏的社會裡，我們不願等待，總希望快一點成熟，快一點成功，彷彿這個「目標」實現了，我們就有多一點時間奔向下一個「目標」，然後變得更好、更成功。我們像一只不停旋轉的陀螺，從一個點到另一個點，期待越來越快，不願停下腳步 —— 彷彿停下，它就不復存在。

等待，與這種快速實現是完全不同的心態：安靜下來去體驗過程，每天加入一些新的想法、期待，然後一點點靠近、完

成。像栽種植物或孕育孩子，在等待的過程中陪伴著成長、經歷，心懷希望與欣喜。

看看那些期待約會的戀愛中的女孩，她們身上還保留著等待的特質，而這個特質讓她們綻放美好。

219 堅持所附贈的其他品格

同樣的時間，如果有兩個選擇：完成一件大事；每天花一點時間做同一件小事，許多人會選擇前者。因為後者看起來就像是每天的「重複勞動」，沒有挑戰，也沒有什麼成長，反倒是在做一件大事的時候，我們需要計劃、執行，需要隨機應變，我們有更多機會從中獲得。

可是許多能力都是從小事中培養起來的，在一天又一天的重複中，讓自己面對不同的時間、地點、外在條件，並在過程中發現與昨日的細微不同。

如果沒有「輕敵」地選擇堅持，漸漸你會發現心靜下來了，觀察能力提升了，意志力漸漸凝聚起來，也漸漸收穫耐心，更重要的是，實力累積帶來的信心讓人更加安定。

堅持一件小事，比如每天冥想5分鐘，你就在創造「奇蹟」。

220　你每天都在收到驚喜

許多人喜歡在生活中收到驚喜，因為是「特別的那一個」，所以對方會用心準備，也許更準確的說，是收到對方用心對待的真心。

許多人討厭驚喜，也是同樣的理由，對方若待你如此有心，期待回饋，你不想給、不能給，驚喜就會成為負擔。

若我們認為那些意料之外、讓我們開心，並且有所「收穫」的事情是驚喜的話，其實老天爺天天都在給予驚喜，每天會遇見誰，會發生什麼都無從提前想像，而老天爺也不求回報。

若你想要驚喜，抬頭看看天空，你正在被老天爺認真、用心對待呢！老天爺的驚喜使你能收穫獨一無二、無法複製的經歷。

221　獨自散步，輕快到哼起歌來

當我們獨自一人走在路上，有時候我們忙著用眼睛關注四周，有時候我們著急用耳朵去傾聽周圍發生的事情，又或者我們的頭腦停不下來，不斷思考著下一步計畫，或是回憶過往發生的一幕又一幕。

也許我們沉浸在某個片刻的情緒中忘乎所以，也許我們在繁忙的謀畫中欣喜若狂，但我們都不在當下。

眼睛所見，耳朵所聞，若能引起我們的注意力，那麼回到

現在，再主動將注意力回歸到自己身上，感受雙腳與大地的連結，手邊耳旁吹過的風，肩膀的起伏變化，腰腹和小腿肌肉的收緊，從腳邊到頭頂，你與自己在一起，輕快著、輕快著，禁不住哼起歌來，你甚至想要脫下鞋，光著腳丫子親吻地面。

這個片刻，就是喜悅歡愉的自處，享受大自然的療癒。

222 穩定期，最適合「發掘自己」

那些看起來平順，沒有什麼明確追求目標的階段，讓我們很難區分這一切是真實的，還是自己描繪的幻象，但無論是哪一種，都有一件事可以在這個時間點進行，那就是「發掘自己」。

若這一切是真實的，恭喜你完成了之前的目標，在一個相對平穩、安全、可應對的階段，我們才能夠不慌不忙地尋找下一個飛翔的起點。

若這一切是幻象，那它的背後，也隱藏著巨大的「不想面對」，這時唯有發掘才能，發現那個障礙究竟是什麼，它身上的明確標記如「魔咒」一般，當你發現它時，就有機會去打破它，迎來新生。

223　讓回憶過去

秋天適合思念，也適合回首過去。有趣的是，當我們回憶過去的時候，時常能夠記得的都是回憶中「好」的部分，像極了時間這個治癒師，選擇性地留給我們那些「好」的記憶。

「壞」的記憶不是不在，只是不會被主動想起，於是在那些酒醉的夜晚，情緒不穩定，或是負面能量滿溢的時候，相伴而來，讓我們感受曾經的憤怒或不甘 —— 那些還記得的，就是時間的篩子篩選之後依然未能消化的。

有時候我們會想辦法開導自己，希望可以走過那一段，但其實過去的事情，已經過去，我們只是需要放下對那個人、那件事的執著，像每一天都是新的一樣，共同創造新的回憶。

224　什麼樣的人不願意收到驚喜

生活中絕大多數人都喜歡收到驚喜，因為驚喜裡藏著那個送出的人對你的心意和祝福。

有些人不喜歡驚喜，因為製造驚喜的那個人如果不了解你，有時候驚喜就會變成驚嚇，徒增許多煩惱。

還有些人不喜歡驚喜，是因為驚喜的出現會打亂他原本的判斷、節奏，在那個驚喜的瞬間讓他失去慣有的控制力。

但驚喜之所以美好，就是那一點兒心意加上那一份「意料之外」，這不正是生活的樂趣所在嗎？

225 特殊的日子為什麼重要

快節奏、時間零碎的生活中，人們的心意和思維常常追隨興趣愛好一路狂奔，奔向那個想到就讓人興奮的未來。

而那些特殊的日子非常重要，是因為他們很像路標，記錄著我們如何走到現在。

同時，我們通常會對一些寄予希望和快樂的日子做特別標記：生日、紀念日……像為自己提供了一個可隨身攜帶的「能量瓶」，密碼就是那一天的日期——時間到，打開，用當時的快樂喜悅感染現在，也在回憶和創造中為它增加新的內容。

226 週末的存在意義

成年後，我們慢慢感受到工作對於生活的重要性，也因為想要更好的生活，便不知不覺間在工作上花費越來越多的時間精力。似乎再努力一點，這個工作就可以更快、更好地完成。但實際上，大家都知道，工作是做不完的。

週末的時光，往往因為與工作無關，所以能夠提醒我們關注工作之外的生活——早上醒來，不用急著上班，可以做家事、買菜，為自己和家人做一頓豐盛的午餐；下午陪伴家人，一起看電視、聊天。

這是放鬆心態下內心可以真實感受的生活本身。

227 為什麼準備去做一件事的時候容易發胖

如果跟自己高中時候的朋友聊天，絕大多數人會覺得那幾乎是自己最醜的時刻，且不說有升學的壓力，更糟糕的是發胖。

正如我們在後來的人生經歷中，越是想要拿下某個前方的目標，就越容易發胖。被問及為什麼時，我們常會回答「不知道為什麼，就是想吃」。

好像把自己的身體變成稍大一些的球，我們才能更有「能量」應對這一切 —— 也像極了貓咪在打架前都會先「炸毛」。

吃的行為，是在積蓄力量，用以挑戰目標。與其用吃來讓自己看似有力，不如相信自己的有力無須外在呈現，每一步都是嶄新的、朝向前方的。

228 內向的小孩需要多一些鼓勵

父母常常希望小孩能說善道、熱情大方、聰明伶俐……因為知道世俗社會的艱辛，就不願孩子內向，平白錯失許多機會。所以在與孩子相處的過程中，父母會情不自禁地開始「改變」他，希望他成為「外向」的樣子。

內向的孩子通常敏感，在平常的生活中也能夠擁有不與人交流時的喜悅，所以對氣場、情緒、能量的識別能力驚人，所以他們常從事與藝術創作相關的工作。

但是，從能量的角度來說，父母「很愛很愛你」，孩子接收

到的卻是「父母覺得我不好」，於是縮回自己的小世界，拒絕與外界主動溝通。

所以對待內向敏感的孩子，父母需要更多細心、耐心，用心去澆灌，才能讓他綻放屬於自己的獨特光彩。

229 為什麼許多人喜歡動物

人與動物的區別在於，人可以獨立行走，人有獨立的思維能力。

由於成長環境、性格、喜好等不同，面對同樣的人、事、物，每個人的感知、思考都不相同。人與人之間需要靠語言、文字，甚至肢體動作來闡述自己，對方又需要接收，這些彷彿為相互了解設置了層層障礙。

對許多人來說，與小動物的相處則不同，它們像心思清明的小孩子，即便沒有共同的語言，也會直接表達自己（哪怕只是情緒），這會讓人嘗試主動溝通、表達、付出，體驗陪伴與共同成長的快樂。

觀察那些可以跟動物安靜相處、好好交流的人，在那些平靜、喜悅的瞬間，你也可以感受到冥想帶來的寧靜。

230 與動物相處，我們更像一個「人」

有些父母總是教育孩子，有些寵物很髒，細菌很多，或是很危險，需要小心，因此許多孩子自小與寵物保持距離，讓自己處於安全範圍。

與人相處，語言是幫助我們良好溝通的重要工具。隨著思維的日益發達，表達思考的語言越發重要，被很多人默認為最重要的表達，殊不知，語言真假與否並不與內容相關，而是與人相關。

與寵物的相處，沒有了在人類社會中被刻意訓練的語言能力，需要回到最初的語調、動作，甚至細微的表情，用這些「從心」與對方溝通，幾乎屬於另一個門類的溝通，豐富的是我們自己。

231 獨樂樂不如眾樂樂

開心時與朋友親友相聚，我們常常會邀約大家一起吃飯，而比起昂貴別緻的菜色，那些我們共同完成的菜餚常能提供更長久的快樂：

相互約定之後的期待；各自準備的「小心思」；彼此共同合作的過程；那一份有共同汗水的「作品」；在後續日子裡回憶時的真實歡笑……。

有時候經歷過程時，我們並不覺得有趣，反而被許多問題

纏住，需要想辦法解決。但經歷完之後再回想，即便是糗事，也是樂事一樁。

這是全心與別人一起參與的樂趣，這也是與人、與這個世界連結的重要方式。

所以一起做飯好過一起吃飯。

232 融入歡慶和愉悅的氣氛中，個體的哀傷會被治癒

人之所以是人，因為能思考，又因為事件而產生喜怒哀樂的情緒變化。愉悅的情緒常帶來良好的改變，讓我們更積極陽光，而那些糟糕的情緒就顯得不那麼好，會讓人向下沉淪。

所有的情緒發生，都是為了讓我們接近內在更真實的自己，只是不是所有的人、所有的片刻，我們都能接納、發現、轉化其中的消極情緒。

如果這時有節日、有團聚、有喜悅的氛圍，若能參與其中，就能短暫地「離開」自己的負面情緒，這流動的歡樂，除了能讓人與人之間建立連結，還能讓個體的心田湧入快樂，加速轉化的過程。

233 人的五感始終連繫在一起

有些吃貨喜歡打卡網紅產品，有些吃貨卻熱衷於品嚐美味。前一種常見於微博和朋友圈，後一種談到吃時，都能看見他眼睛裡的光。

為什麼大家都愛吃？

味覺負責品味酸甜苦辣鹹，找到自己覺得舒適的最佳平衡點，因為乏味的食品會讓人索然無味。

每個人都有屬於自己的不同搭配。吃到符合自己口味的食物時，常有一種心花怒放的喜悅，連視力、聽力都在那一瞬間變得比以往好，這是一種「打通」的感覺。

冥想訓練我們的覺察力，也是為了讓我們更加敏銳地去感受和體驗生命。

234　感受一棵樹的姿態

許多時候我們看花、看樹，是看品種、看外型、看顏色、看價值。

堅持長時間冥想的人，我們前面提過宇宙能量的「合一性」——都是為了那最終的「與梵合一」，用道家的話說，就是在某一個維度，這所有都是「一」。

所以有時候，閉上眼，反而「看見」了，如同許多電視劇作品中的：不要用眼，用心。是指安靜下來，與它連結在一起，你就感受到了它的感受。

樹溫和平潤，如果願意，也可以對著它冥想，也許會有新的收穫。

235 自然界中黃金比例的啟發

黃金比例是由古希臘數學家發現的,這個比例是指,兩條線段,當短線段的長度除以長線段的長度時,得到的商為0.618。這個比例之所以被稱為黃金比例,是因為這個分割點的存在能夠使事物更加自然、更加美。

自然界中大部分的事物都符合黃金比例,比如:普通樹葉的寬與長之比,蝴蝶身長與展開的翅膀之比。時間、季節、溫度也在默默遵循黃金比例,每年7、8月分是一年的黃金分割點,人體免疫力最佳;人一天有2/3的時間忙於工作學習,1/3的時間睡覺和休息最適宜;人在22～24℃的溫度區間感覺最舒適,是因為這個溫度與人體體溫37℃成黃金比例。

黃金比例不需要用尺測量,安靜下來,用心去感受自然與美的「頻率」,你就會發現它了。

236 神聖幾何的美

神聖幾何是指數字的神聖屬性以及隱藏著的完美比例結構。較為突出的特點是,在那些看似混亂的自然背後,隱藏著比例完美的結構,比如顯微鏡下的晶體、自然界中花瓣的數量及其排列方式,都清晰展示了神聖幾何的存在。

我們拿「生命之花」舉例,它是將圓形拆成許多全等的尖橢圓光環而組成,過程重複七次,同時向外旋轉,就能創造出

一個「細胞」圖案，而第八次分裂，就是一次新的向外旋轉，重複下去，無限次，直到創造出母體。

有人說神聖幾何是宇宙的密碼，它賜予祕密給古代哲學家和祭司，所有寓意和象徵符號都暗藏了靈性、心智、道德和物理的新生法則。

在冥想中就會漸漸發現這些自然的奧祕。

237 愛，是藝術的土壤

世人常說，因為愛，世間才有了五彩繽紛的藝術形式和百花齊放的愛的表達。

那些憤怒與悲傷，也是因為愛 —— 若不是愛得深沉，何來憤怒與悲傷？是愛的土壤，滋生出絢麗的藝術之花。

愛情的愛，只是複雜多面而有深刻內涵的愛的一部分。愛一個人，讓我們探索、發現一個人的繽紛，進而愛屋及烏，了解與他有關的一切。若雙方缺乏自知，這個「他」恰恰成為一種限制，隔絕了你與他所不喜歡的事物接近的機會，而「他」的內在即使比以往打開了一些，卻仍舊封閉。

恰當、成熟的戀人，自知自己的限制，鼓勵對方探索屬於他的未知，在這個過程中，讓他感受、了解愛的意義：因為你，我的心是打開的，我愛上了整個世界。

238 散步，是一件浪漫的事

散步的時候，你有怎樣的感受？

不是急匆匆地趕路，不是心情沮喪地打發時間，你只是在散步，帶著愉悅的心情，欣賞路邊風景、天上的雲、河中的水、不相識的路人，還有輕鬆自在行走的身體。

散步是一件私密的事，是一個人的小確幸。這一刻，自己與自己連結在一起，任腦海中掠過往日畫面，你只是看著它們經過，無論內心泛起遺憾或幸福。你行走在天地間，你與大自然在一起。

與一個恰當的人一起散步，是彼此的世界向對方敞開的過程，一起在同一個時空中感受與人相知的浪漫。

239 藝術作品的意義

回憶每次去電影院的經歷：你與周圍那些陌生人並不相識，你們帶著各自的性格、記憶和當時的情緒，如此完全不同的你們走進電影院。有趣的是，電影結束的那一刻，整個空間，甚至每一個觀影的人，都被某種氛圍圍繞著，擁有某種難以言說的相同。

藝術作品的魅力也在於此，每個作品以它的形式、姿態、方式「闖」入你覺得堅不可摧的理性思維中，刺激你的內心感受，嘗試以不同於思維的方式表達感受：大笑，或者流下淚來，這都是心的直接呈現。

240　與藝術接觸的重要性

回想智慧手機出現之前，我們的生活中似乎有更多美，植物之美、動物之美、食物之美、建築之美……不是透過螢幕或圖片，而是這些東西本身在人們面前呈現的美感。

智慧手機出現後，圖片、影片放大了螢幕的功能，一方面讓我們更快捷，另一方面卻讓我們與物之間有了「隔閡」。時間久了，這些每天透過螢幕而來的爆炸訊息似乎為我們的生活建立了屏障，讓我們失去了感受的能力。

越是這樣，越需要走進藝術。因為來源於生活的藝術將人、事、物的特性以藝術家的方式放大地呈現了，讓你透過作品進入藝術家視角，開啟感官，也因此，我們更像一個活著的人，與世界連結在一起。

241　拾起自己的堅持

有一則小故事流傳已久。

有一位老人，常年住在海邊，他每天的重要「工作」就是傍晚在海邊將被海水沖上岸的小魚放回大海。一天，一個孩子經過，問老人這樣可以救多少魚。老人回答說：每救回一條，對這條魚來說，就是一整個生命。

站在魚類或是人類的角度，老人做的似乎都是微乎其微的事。一個人的能力即便被無限開發，也始終有限。世界有原本

的軌跡，如同海浪有海浪的節奏，每條魚想要生存就需要從很小的時候學習識別海浪。

眾人只看到了老人的杯水車薪，但老人之所以難能可貴，是因為他見到了這力所不能及的場景，接納著被救的魚的感恩歡喜，感受著沒來得及救的魚的怨憤悲涼，承擔著有些魚「你看人類都這樣」的誤解，卻仍舊堅持做著自己力所能及的事。

冥想，就是在看見、放下之後，拾起自己的堅持。

242 找尋心中所愛

冥想時，看見念頭、想法，放下，但放下不是目的，因為漫長生命中我們需要拾起一些什麼，而這些「拾起」因為我們的加入變得有所不同，這是我們對世界的回饋，也是個體生命存在的意義。

想想那些感覺身上自帶力量的人，大多因為心中所愛點燃了自己的力量。也有人說，因為想要守護某樣東西，而讓我們感覺自己充滿力量。這個「想要守護」，就是我們的所愛。

愛的本質不是擁有與占有，而是付出、給予，因為我們有付出、可以給予，所以我們迸發出強大的力量，這是「愛」的力量。

冥想，讓我們更清晰地感受到愛與連結。

243　從興趣愛好入手

許多時候當我們談到愛，往往會想到人，但其實，如同那句「相信愛情，不要相信你愛著的那個人」一樣，在自己還不能知曉愛之前，將這些「寄託」在另一個人身上，不僅是交出了自己的安全感，也在一定程度上成為對方的負擔。

我們提到的愛，更多的是指那些去除人的因素後，依然讓你心生喜愛的事物，它們看起來就像你的興趣愛好，比如旅行、閱讀。只要你願意，它就一直在那裡，願意打開自己接納你，見證你的成長與進步。

我們每個人的內心中，都有許多愛可以奉獻，只可惜我們不是生來就找到自己的方式表達愛意。從冥想練習中，從發現的、想要投入的興趣愛好入手，感受自己獨一無二的愛的豐盈，提升自己愛的表達，慢慢讓你的愛傳遞給身邊的人。

244　我們所熱愛的，是我們內在啟動的泉源

幼年時，我們常聽到一句話：興趣愛好是最好的老師。

不是說興趣愛好會「教授」你如何靠近它們，而是因為我們「喜歡」、「熱愛」，我們會自己去走近並獲得，這是與填鴨式教育完全不同的感受，是快樂的學習過程。

成年後，在工作中我們以解決問題的思路來成長，因為我們「想」解決它。

所以當思維決定能不能、何時能的時候，我們的心力決定了想不想、有多想、願意為此克服多少困難和阻力。

當我們靠近那些我們熱愛的人、事、物，我們就常常可以發揮主動性，主動思考，主動解決，最大程度地開發我們的創造性，實現自身價值，實現目標。

如果說這個世界上真的存在魔法的話，冥想就是啟動這一切的開關。

245 當心底的勇氣被激發

生活中，我們常說很多人有勇氣，多數是因為他做了一件在別人看來多麼不容易的事情。

事實上，每個人的性格不同，有些人對未知的世界充滿探究的欲望，跟隨內心去做，在別人眼中也許是「勇氣」，於他而言只是從心。

我們對勇氣的判定，更重要的是，對於他自己來說，他是否可以面對自己的缺憾，是否可以在接納的基礎上做出改變。

就好像一個平常大喇喇的人，能夠面對自己的粗心，逐漸變得細緻，並開始有自覺地調整「天性」，學習某種可以安靜細緻的愛好；或是有些在感情上一向選擇被動和退縮的人，能夠嘗試面對，這才是心底生出的真正的勇氣。

246　青春裡五彩斑斕的印記

　　年輕的時候我們總愛裝成熟，想讓自己看起來懂得多一些；成熟以後又總忍不住裝年輕，想努力抓住青春的尾巴 ── 我們似乎總在努力成長為「不是現在」的自己。

　　可是也只有在青春逝去的時候，再回首，才會發現青春年代裡那些調皮、搞怪、胡鬧，甚至哭泣，這些放大的情緒都是青春裡五彩斑斕的印記。愛一個人，瘋狂歡喜，心有委屈，會崩潰大哭，沒有成熟之後的克制，反倒輕鬆暢快。所以難怪在電影情節裡，好多人都想回頭再經歷一次青春，想彌補過去由於裝酷帶來的遺憾。

　　別老想著回到過去，享受此刻成熟穩重的自己，不也很好？

247　偶爾「調皮」一下帶來的活潑

　　我們常把生活中某個人的行為與品格相提並論，他這樣做了，於是乎他是一個怎樣的人 ── 甚至不曾詢問對方為什麼有這樣的行為，洋洋自得地陷入自以為是，以為了解了一切。

　　這樣的自己，是世故的、沉穩的，甚至嚴肅的、認真的。

　　時間長了，需要不斷鞏固的清晰呈現，需要在「對」的基礎上不斷延伸，進而穩固、發展，從而漸漸變成一個麻木、古板、有跡可循的人，失去靈活，甚至失去「生命力」。

　　偶爾「調皮」一下，跳脫別人對自己、自己對自己的限制，娛樂自己也娛樂大家，在這樣的活潑裡，清楚知道——我，是這樣一個我。

248　心想事成的祕密

　　前面說過，冥想是為了感受和實現「與梵合一」，回歸大自然的振動頻率中，體驗更深層的寧靜、生長。

　　當你與大自然的一切都在一個頻率中時，就好像同速度的汽車彼此看起來是靜止的，似乎出現了一個動中的「靜」時空，可以彼此感知。

　　如果我們將外在認為是環境，我們是其中微弱的個體，很容易被環境影響。但當我們感受到這種同頻率的時候，我們在與環境的互動中便擁有了「主動發聲」的機會，那些我們發自內心渴望的意念，就會「自動」向宇宙呼叫。可惜的是，宇宙聽不懂副詞。

　　當一個人說「我不想要被人欺騙」時，往往他會遭遇欺騙。因為，「不」，就是那個宇宙聽不見的副詞。

　　每天花點時間，或在冥想結束後向宇宙呼喚（一些人稱之為「向宇宙下訂單」），我們將漸漸感受心想事成的喜悅。

249 你真心想要的，宇宙都會來幫你

現在很流行的一個心靈成長名詞叫做「吸引力法則」，大致意思是：那些你發自內心期待、並為之付出努力的事情，宇宙都會來幫你。

我們能夠聽見不同的聲音，是來自震動，而不同的聲音、不同頻率的震動在這個世界上以我們不能清晰描述，但卻真實的方式存在著。相同頻率之間，總會相互吸引。

當我們全身心都在期待著某件事情，甚至能夠清晰想像這一切發生的時候，我們就在那個「想像」的瞬間將自己調整到了理想頻率，宇宙收到你的「訂單」之後，就會安排相近的頻率靠近你。

所以糾結的始終糾結，舉步維艱。與自己和解的，全身心愉悅。

250 別小看了某些「小事」

秋天是一個收穫的季節，也因為「理應」收穫，所以當我們看不到自己預期的收穫時，很容易發生心態崩潰的情況，壓力倍增。又或是正因為收穫，我們更加繁忙，需要在不同的角色之間來回切換，常常分身乏術。越是在需要力量的時候，越會感受到自己內在力量的局限。

如果目前的挑戰大於自己的常態標準，除了硬扛，除了絞

盡腦汁而疲憊不堪，還可以為自己安排一個簡單、單一、重複的小事來進行調節，比如編織、運動、走路、盤珠子，甚至回歸家務，掃地、拖地、摘菜、剝豆子等不需要啟動大腦，但是可以讓身體活動起來以釋放壓力的活動。

畢竟，那些你願意迎接的挑戰，不會將你擊垮，是因為你有「潛力」承受，過了這一關，你會成為比昨天更強大的自己。

251 放輕鬆

成年之後的我們，因為對自己和對環境的了解越發清晰，很容易發現那些對我們來說重要的東西。重要，似乎就意味著認真對待，盡力，給予最好的狀態。

這樣做會帶來一定的壓力，而我們的壓力和行動會影響整件事的走向。這種壓力可能是因為擔心自己的行為會影響結果，也可能是某種逃避的藉口，重點是，你壓抑了自己，何來輕鬆？

請相信，那些對我們重要的人、事、物，讓我們有機會用心體驗與之相處的過程，所有真實的反應組成了體驗本身。

結果，交給老天。所以，放輕鬆。

252　不同音色裡，隱藏著放鬆訣竅

我們常常不敢「擺弄」樂器，如果我們沒有經過比較有系統的訓練，就總是擔心自己會彈錯。

最初的音樂，還沒有具體形態，它依照人的情緒和感受而變化萬千。仔細聆聽，不同樂器發出的不同音色，身體對它的感受是不同的。我們以瑜伽的脈輪來舉例，澳大利亞傳統樂器迪吉里杜管對應我們的海底輪，鼓對應我們的心輪，手碟對應我們的頂輪……。

嘗試放空自己，對音樂給予信任，讓自己沉浸在音樂中，感受那一個部位在音樂的帶動下，從安靜到活躍，到帶動身體其他部位。

這是樂器自身可以帶來的冥想，是音樂與人的連結。

253　越是忙碌，冥想越有必要

我們如何理解忙的狀態？

為一件事奔忙，或是同時做許多件事 —— 需要內心源源不斷地給予能量，支撐我們在一件事上精準挖掘，或是輪換於不同事情之間。

有時候我們會透過睡覺來補充能量或者「換擋」，但絕大多數時候，我們在「入睡」前需要放鬆，而往往在時間緊迫的情況下，當我們剛剛放鬆下來，那個小憩的時間就到了，睜開眼

又開始新一輪的奮戰，然後越來越疲憊。

冥想之所以在這樣的時候非常重要，是因為它保持了身體的「清醒」，給予了身體和頭腦一段「清醒地放鬆下來」的時間，在這個過程中，我們不是「強行」放鬆，而是主動用意識關注、引導放鬆，往往會有事半功倍的效果。

瑜伽的人生之旅

254 讓人痴迷的事物總是閃閃發光

不同的人有不同的穿衣風格，但即便風格接近，也因為每個人氣質不同而有所不同，但總有些人，即便穿著普通，也常讓人感覺他如此與眾不同。

這樣的人見得多了，我們便容易發現他們身上的相同之處：他們都遵從自己內在的期待，堅持走在一條自己選擇的路上，然後在這條路上經歷春夏秋冬，一個階段又另一個階段。

那些在別人看來枯燥乏味的，卻成為他眼中的有趣。因為發現了別的人、事、物有趣，在鑽研之中漸漸與這些有趣融合，彷彿和自然一起生長一般，讓那一份選擇深入心靈。

所以找到心中所愛，這才是開始。

255　回到自然，回到自己

我們並未生活在一個真空環境中，而是時時處在比較中。而比較的存在，常會由於優異與否、多少與否，使人感受到不同程度的壓力，尤其當內在的選擇與「大多數」相悖時，內心的堅定更加不易。

機率的計算以實物的結果為統計標準，而放在每個人身上，無非成或者不成兩種。成或不成的原因，也各有不同。多數人可行的，不代表你可行；多數人不可行的，也不代表你不可行。

內心有矛盾衝突時，回到自然，安靜地感受生物平和喜悅的氣場，感受自己的存在，將注意力拉回到自己。

這就需要冥想中練就的「拉回」的力量。冥想的訓練，觀的是心，修的也是心。

256　傾聽自己內在的聲音

我們以為了解自己，因為我就是我啊！但往往有時內在的聲音冒出來，讓我們覺得可能內在還有另一個自己。有時是在跟別人比較，有時是在選擇的岔路口不知道何去何從。我們有時很難分得清，這個聲音是來自欲望，還是來自內心深處的渴望。

冥想狀態中，當心湖平靜，我們更容易感受那個內在的聲

音。選擇傾聽，不僅在練習傾聽的能力，也在收穫那個揮之不去的聲音帶給我們的新體驗。

257 創造力來自哪裡

當我們問那些有天賦的人如何創作出絕倫的藝術品，常聽到這樣的回答：某個念頭突然跑進了腦袋，於是用自己擅長的技藝將它表達出來。

創造力的泉源，來自那說不清的更高的存在，但是也少不了人為的努力，當一個人認知到最適合自己的事物，且精進至合而為一，就距離真正的創作不遠了。

如果能量守恆定律適用於所有的維度，當我們要產出那豐富、有內容的「產品」時，就意味著我們需要從更多的內容中「汲取」靈感，再收錄進自己的「熔爐」進行融合，使之成為「新」的。而這能夠給予我們的「更多的內容」，是那些「原本不屬於我們的」，是新的視角、新的思維、新的體驗。

冥想讓我們淨化自己，像一張白紙一樣去聽、去看、去感受、去了解。

258 內在真正的勇氣和動力

我們很容易說出自己想要什麼，尤其是在有所比較的時候，但正因為存在比較，我們無法分清是真的想要，還是因為

兩者之中這個比較好。

　　有個殘忍的遊戲叫「生命中的五個人」，講述你帶著生命中重要的五個人去旅行，結果路上遇到各種難關，導致你需要不斷捨棄的故事。第一個捨棄，看起來還好，第二個、第三個之後內心慢慢開始百感交集，誰都捨不得，但又不得不放手。在這樣的「篩選」之後留下的，是最接近於你想要的。

　　當我們有所缺失的時候，想要感受和體驗一下，是「想要」，但這種短暫的想要遠不及我已經感受過、體驗過但仍然想要來得情真意切。

　　冥想時，我們區分這一切，找到內在真正的勇氣和動力，去實現它，去經歷風雨。

259　給自己停下來的機會

　　我們常從自然界裡得到許多啟示，土地需要歇息才能為來年的豐收提供養分，漁民需要保護育苗期才能在下一年收穫更多可以捕獲的魚。人，在階段性的時間裡，需要給自己喘息的機會，以便更好地走下去。

　　停下來的時候做什麼？

　　不是鋪一張白紙，計算目標完成了多少，得與失哪個更加合適，因為這一切都以事件或結果為導向。而是安靜下來，問問自己，這一路高興嗎？疲累嗎？那些委屈和辛勞是否過去，

肯定自己的成長，也提醒自己還可以努力的部分，像一個充滿智慧的良師益友。

在這個過程中，放下情緒，在看見自己的片刻接納這樣一個自己，準備開始新旅程。

260 了解內在自我的吸引力法則

一個人，每一天要與許多人相遇，這一生與許多人產生交集，有些人一轉身就是一輩子，有些人攜手同行，有些人知己一世。人與人之間，無論如何相遇，總有屬於自己的機緣。

那些我們願意接納而進入生命的，我們總是在對方身上「照見」了那對自己來說珍貴的、重要的東西，或是因為在對方身邊，我們呈現出更喜悅的自己。

物以類聚，人以群分，看看身邊的朋友，了解內在自我的吸引力法則，也就遇見了這樣一個自己。

261 真正的覺知都是從內在開始

我們常常明白許多道理，或是在某個瞬間頓悟「原來是這麼回事」，但真正的覺知是從內在開始的。

當我們的世界只有自己的時候，前行總有方向，少有退路，無所畏懼，但當我們擁有所愛的人的時候，我們會看重，因為看重，會體驗恐懼，不願失去，甚至擔心最真實的自己出現在對方眼前時會被如何看待。

而愛的力量開始覺醒在覺知中，使你可以面對自己的真實，可以嘗試袒露真實，也擁有對對方的信任。當我這樣做了，我相信這是我們建立更深層次的連結的基礎，我願意在你的見證下，讓曾經不自知、不和諧的自己漸漸合一。

262 面對那一刻，勇氣自然來

生活中我們常在一些時候需要勇氣，尤其在那些我們充滿期待想要完成但明顯知道自己力量不夠，不知道是否可以承擔一件事的時候。但是坦白說，這時候需要的信心多於勇氣。

什麼時候真正需要勇氣呢？

外界環境無論如何糟糕，「我」都有可以改變的機會，「我」還可以繼續找尋需要的智慧和勇氣。

當我們面對自己的「糟糕」時，常被一種看似無法破解的無力感襲擊，因為這就是「我」呀我如此「糟糕」，我可以做什麼？事實上，這樣的面對才最需要勇氣，面對看似「無解」的殘酷。

真正的勇氣，生出信心，滋養內在之花，促使我們成長為自己全身心期待的樣子。

263 在一段關係中明白自我的意義

有時候我們找不到自己存在的意義，於是尋找另一個人，因為他（她），我們面對真實的自己時不會覺得寂寞孤單，因為他（她），我們擁有成為更好的自己的動力。在這樣的內在驅使下，內心常常充滿不對等的感激，或是內疚，難以真正實現一段關係中的平等，更不用說對等的交流了。

事實上，因為每個人都有屬於自己的看世界的「眼鏡」，如果我們是近視眼，我們的近視眼鏡會幫助我們看清世界，但如果我們在不自知的情況下誤帶了放大鏡，或是顯微鏡，那我們眼中的世界和真實世界就相距甚遠，無論我們如何用華麗流暢的語言表達，也都不是真實的。

如果我們將想要成為的自己，完全與對方的期待或回饋結合，那麼結果很難說是南轅北轍還是越走越近。

我們需要一段關係，感受對方眼中的自己，我們更需要在一個人時仍然清楚自己，感受（甚至享受）一個人的獨處時刻。

這就是冥想中常會體驗到的：你從來不是孤單一人。

264 改變，從接納開始

改變到達的方式很簡單，原本走著，還可以選擇跳著來，或者坐車。

改變性格很難，正如俗話說的：江山易改，本性難移。平

心而論，也沒有人願意被別人改變。但若沒有「改變」，我們如何拓展生活的各個面向呢？每一次向前推進，都讓變化發生。

當意識到將要有所改變的時候，別急著反抗，因為「我們」自己不同意的變化從來不會發生，改變的出現，首先需要我們的面對、理解，當心裡願意嘗試著做些改變，周圍的一切就會開始發生變化。

265　突破那個曾是困獸的自己

一個人的認知總有局限，人類的認知也總有邊界，難以與浩瀚的宇宙相提並論。

意識層面與潛意識層面的認知決定了我們的心智模式，我們在自己的習慣性設定中經歷人生，那曾讓我們受益的，也終將成為我們的限制。

人需要突破。

過往的認知若是我們保護自己的壁壘，那總有一天，我們需要打破它，從保護自己變成融入世界，藉由信任走出曾經的「畫地自限」，才會有真正的決心去用「有待不斷增補」的眼光看世界。

266 新的世界

我們總在經歷中學習，讓經歷成為經驗，所以每當用心地走完一個過程，我們自己都比過去更豐富一些。

這些「新體驗」讓我們更開闊一些，更寬廣一些，更強壯一些，更勇敢一些，讓我們勇敢從自己和舒適圈中走出來，走向更大的世界。當我們帶著這些新的了解和洞見走向世界，就會啟動新的循環，讓自己在更大的環境中發光閃亮，開啟一段新的旅程。

267 升級所需要的蛻變過程

就像與嬰孩交流，他們總是依據我們的回饋與我們互動，當我們能夠以一種全新的眼光、思維看待世界，世界也會回饋給我們與過去所不同的新的收穫。

如果以往只能看見一個維度，現在可能增長為兩個、三個、五個。這對個人能力來說是非常重要的升級蛻變。

生命的成長，不是完成事件一般地向前推進，而是在經歷的啟發下呈現螺旋上升的趨勢，可以站得更高，看得更遠，擁有更多選擇，也影響更多人及更廣闊的世界。

268 **給自己時間，整合內在**

當我們重新與外在世界連結，意識到這是自己重要的蛻變階段，接下來要做的事情，是給予自己時間，整合內在，將那些好的、不好的，以及背後的原因弄清楚，同時放下這一切，讓優劣一覽無遺。

將這些不同方向的內容列出來，除了自己明白這一切之外，還可以嘗試尋找一條自己可以接受和了解的主線。

每個人都是不完美的存在，有所長必有所短，但那條主線指向的事件，當你全身心去完成的時候，過程中的整合，就是自己與事件的豐富之旅。

269 **過去或環境的制約，都會成就你**

生活中我們總在比較，我們需要兩相對比的食物來判斷自己內心的喜好，我喜歡 A 不喜歡 B，若 A 和 B 未曾出現，喜歡與否也只是空想。

所以無論我們內心多麼嚮往自由，我們仍舊活在過去或環境的制約中。我們可以選擇在過去中安穩，關注那被限制的，也可以藉由這些制約，了解規則的同時，活出內在更堅實的自己。

重點始終是：你是誰，你想如何生活？

270 在「轟然崩塌」中發現最穩固的東西

我的一位好朋友，長我十幾歲，在我 23 歲那年告訴我說：30 歲之前，我們的各種「價值觀」都會崩塌，因為好多時候，「地震」不來，你根本不知道什麼是穩固的，而那些震盪之後留下來的，才是你的。

我後來漸漸發現，這樣的道理也完全適用於生活。許多時候我們所謂的「知道」，只是我們以為自己「知道」，藉由這種轟然倒塌，我們才能更清晰地確認自己想要成為的樣子。

就像真實雖然美好，但不是所有的真實都是美好的，任何一件事物都有它的兩面性。那些能讓我們堅定穩固向前的，最初到來的時候往往讓人感覺「痛徹心扉」。

相信正在發生的一切都是上天給你的禮物，即便有一些看起來「有點醜」。

271 崩塌之後的重建從哪裡開始

許多人遭遇「壞事」時，會極力掩蓋，想快點度過這一切，似乎事過境遷之後，那曾經的、舊的就自然不復存在。

潛意識不就是自己在每一次的掩蓋過程中，經由「自我選擇」而累積起來的嗎？但那些看起來很美好的，也難逃「又一次崩塌」的厄運。

我們騙得了自己的思維，卻很難騙得過內心和更大的存

在。所以另一種選擇的方法是，安靜下來，在深沉的呼吸中與自然連結，開啟智慧，去看清這一切的出現對於「我」的意義。

272　回憶自己生活中的循環

那些在生命中反覆出現的部分，都有一種可能的原因 —— 為了讓我們意識到它們的存在。

有時我們以為自己是在經歷完全不同的事件，但除卻具體參與的人或某件明確的事，「我」的本質是一樣的，比如總是因為同一個瓶頸更換工作，比如每一段戀情中的未曾主動爭取……。

相信每個生命個體的獨一無二，也正因為如此，現在的我們要走的路比過去更寬廣，不是改變過去，而是拓寬過去。

這一切，都在那生活的循環中。

273　懷著一顆赤子之心

當我們遇見單純乾淨的心靈時，總覺得美好，彷彿看見一朵花開。但有些美好單薄得可憐，似乎經不起風吹雨打。反而是那些經歷過艱難磨礪的，即便並非美得驚豔，我們卻在一次又一次的接觸中，發現它由內而外散發的純粹。

如果現實是一場考驗，內心不夠堅定的時候很容易就把心中那一份單純美好遺失了，而守得住的，則被鍛造為赤子之心。

雖已行路千里，仍要心懷善良和美好，相信世間仍有詩與希望。

這樣的心，往往才能發現美好，將單純淨化為天真。

274 夢想的副作用

幼年的教育總會要求我們提前尋找夢想，因為目標越清晰具體，我們就越能擁有更直接有力的動力。

但這裡的悖論就在於目標尚未到達，僅是聽某一個人或某一群人的介紹，那終究都是「幻象」。幻想，想一想就很滿足了；幻象，終究會破滅；夢想，讓人有前行的動力，有勇氣超越幻象。

所以在為夢想動身之前，我們既要清晰想像，又要知道那不是真的，我們可以期待想要的，但別忘了最重要的在於自己的創造過程。

275 完成並不難，難的是磨練內心

就像兩個人最終走在一起，最初的相遇可能因為各種各樣的原因，過程中也經歷各種不同的分分合合，如果我們將在一起設定為「完成」，那與上述過程所不同的，還有一個「自己」的維度。

喜歡一個人，嫌棄一個人，跟一個人嘗試磨合妥協，願意

對一個人做出承諾，能夠盡心與對方一同創造回憶，在這條路上，每一個階段都是對自我內心的「修正」。

初心在前行中不斷確認，並且能夠穿越風雨仍然在最初的基礎上完成，這並不是易事。也正因為走過這條路，心變得沉穩安靜。

276　問即是答，你就是己師

當我們心有疑問的時候，往往會求助於外界。如果把混亂或是迷茫的內心比喻成亂七八糟的毛線球，我們找人來幫自己梳理，就會在下一次混亂的時候，繼續開啟求助模式。

其實我們也可以換個角度，當我們向外求助、嘗試表達問題的時候，我們就在透過「向外」的方式梳理、清理內在，當邊問邊梳理的過程完成，自己也就知道了原委。

我們依舊要感謝對方，謝謝他的「不為所動」、「不擾亂」，給予我們時間和空間，還有更重要的 —— 認為我們值得信任。

所以，問即是答，你就是己師。

277　源頭的力量

許多地方在孩子周歲時有抓周的習俗，亦即讓孩子在毛筆、樂器、畫筆、舞鞋等物品中自主選擇，拿起最喜歡的一樣。而家長會根據孩子的選擇來對他進行培育。

於是，有些孩子選擇了毛筆，有些孩子選擇了舞鞋，在那「獨一」的選擇中，選擇了自己最感興趣的那一個。我們每個人都不相同，在這麼小的時候就可見一斑，長大之後也同樣。

現代社會側重於培養人的「想要」，也是因為「想要」，連結著我們內心最重要的力量泉源；也因為「想要」，我們能夠有勇氣與決心面對前行路上的艱難困苦。

內心的源頭，最直接的方式是「想」，其次才是間接的為名為利為其他。

278 從「一」變為「二」的可能性

生活中，當我們聽到事情的另一種解釋或另一種可能的時候，一部分人會笑著聽，接納為自己的新知識，另一部分人則感覺受到了「挑釁」，開始據理力爭。不同的心態往往決定我們做人做事的方法，無疑，前者包容平和，對自己和將來有信心，後者尖銳，看似強勢卻外強中乾。

自然界的整體是「一」，如同梵，而梵中又有許多「二」，呈現出豐富多彩。就像一隻鷹，可以用爪子在地上走，也能展開雙翅在天空翱翔，問哪一個對，其實兩個都對。

所以一個「正確」的對面，可能是另一個「正確」，因為這個世界原本就藏有許多可能性。

279　用心感受、去經歷

現實生活中，我們常因為一個目標向前努力，專注的人為了目標燃盡所有能量，爆發極致創造力。

到達之後呢？尋找下一個目標，如此循環往復。

如果說，目標存在的意義只是為了讓你開始走上這條路，而路上遇到的某個人、某件事，才能繼續往前推進你要走的下一段路 —— 如果只是盯著目標，如何發現這一切？

相信自己，也承認在自然和奇妙的世界面前人類的渺小，盡力去完成目標，同時用心去感受、去經歷，就會更容易發現生活原本為你準備的小禮物。

如此，我們不僅享受目標實現的快樂，還能在整個過程中感受喜悅。

280　在參與中學習人與人的平等、共同創造

每個人都有不同的性格，也有不同的天賦，一些人擅長做決定，另一些人擅長執行或其他，現代社會的快節奏總讓我們以為，那些做決定的人有多麼厲害，各種神話添加之後，似乎令人不願相信他們也有不擅長的事。久而久之，這些決策者似乎凌駕於別人之上，大家也無異議地在他的管理下完成某件事。

換個角度來說，船長確實是「最大的」，但對一艘船來說，大副、水手同樣不可或缺，只有每個人做好自己需要做的，甚

至在自己的位置上有創造性的突破，才能實現「這艘船安全快速到達目的地」的目標。

所以，每個人只是天賦不同、分工不同，但每個人本身自由且平等。人與人交往，一段關係的締造，也是同理，沒有壓倒性的勝利，只有共同的參與和創造。

281 全然專注於事情中，就會進入新的狀態

考試是檢驗我們是否能夠全然專注於過程的重要衡量標準，因為人之常情是期待獲得好成績，只是當對「結果」的關注大於過程時，我們常難以得償所願。

全然地專注於事情中是怎樣一種感受 —— 彷彿整個人沉浸在其中，眼中所見、耳中所聽，除了它再無外物，整個人圍繞著它旋轉、跳躍、不停歇。

認真的女人最美麗，這種認真的狀態，就恰似這樣的全然專注。

當幾個人為了實現同一個目標而奮鬥時，每一個人都專注於其中，充分感受到共同的力量與喜悅。

282 成功之後可以輕鬆片刻

在全然參與和體驗的過程中，我們往往會忽略對重點部分的期待，但正因為如此，我們反而會收穫成功 —— 像極了一個

畫面：當我們心無旁騖做著自己選擇的事情，樂在其中，到達目標的時候，抬起頭，發現自己「處在世界中心」，接受來自外界的歡呼、祝福、讚許和肯定。

若只看這一刻，我們可能是不好意思的。若拉長一點來看這條線，這是我們可以享受的「輕鬆」片刻。

在這樣的輕鬆中，回過頭，看看來時的路，在這些「印記」中發現線索，帶著那一直以來的熱情和活力開啟下一段路。

283　面對壓力，探索壓力源

現代人生活在壓力環境中，生活的各方面總讓人「有壓力」，許多人用來應對壓力的方法是「換種方式來面對」，比如，在工作中遇到瓶頸時，就嘗試找個兼職來填補內心的空缺。

這看起來是一種行之有效的方法，但當一個人身上這樣「轉移」的部分過多的時候，多條線運作本身就會成為壓力。甚至有時，會讓人忙於應對需要緊急處理的問題，而不是那個最初的「壓力源」。

所以，除了策略型轉移，還有另一種方法，停下來看那壓力的來源，將壓力轉化為動力的技能就是在這樣的時刻練就的。

而冥想的練習，能讓你停下來。

284 以一個旅行者的姿態生活

物質生活到達一定水準之後,忙碌產生的疲憊就會顯現,這時轉換到另一個環境會比較容易釋放我們的疲憊。

旅遊和旅行是兩回事。

旅遊,是你作為「外地人」,來這裡看一看、吃一吃,滿足一種未知體驗。

旅行,是你試著放下別處,甚至放下過去,用一個當地人的方式聽、說、看、思考。

人生也是一個去往別處的過程。不念過去,不懼將來,在這裡的這一刻,我就是「當地人」。

這樣的體驗,除了豐富認知,還讓我們更靈活地成為一個自然的個體:以開放的心態隨時學習,不被結果約束。

285 少,即是多

當我們成功完成一件事,很容易替自己理所應當地訂定新目標,希望自己做得更好,或者承擔更多。若沒有調整好「新的部分也要從頭開始」的心態,很容易精疲力竭。

這是比較容易覺察的部分。覺察到了,就是新開始。

對於那些有「清晰目標」而一直在不斷實踐的人來說,他們很容易爆發出巨大的能量去嘗試,包括在一個點卡住的時候

開啟另一件事來補充。

這樣的精疲力竭不只身體疲累，更會心累，心累到不願再開始。

想想水滴石穿的故事，過程中的難易交替都是常態，當對一個目標全力以赴，全然面對過程中的快樂、悲傷、欣喜、失望，始終堅持那一個點時，你，就會與過去有明顯不同。

286　所有的壓制都來源於自己

生活中我們常遇見一些人，壓抑著自己的情緒、喜好、目標、方向，人人都知道壓抑不好，但壓抑背後都有人和事件帶來的特定原因。

實際上，無論外界的情況是怎樣的，最後這一步「選擇壓抑」都由我們自己完成。壓抑得久了，需要爆發來緩解才能實現自我的平衡。

內心為了想要的東西，總會尋找途徑，爆發也是途徑。每次的壓抑，都在為爆發儲備能量。

換個角度，每一次壓抑，都是自己的一次「不如願」，因為「如願」是不存在壓抑的。再往前看，就能夠看見「願」，每個人有不同的「願」，幫助我們看見想要前往的方向。

287 創造的樂趣，無可取代

這世上的快樂有三種：第一種是因為得到了想要的東西而快樂；第二種是比較之下覺得自己「贏了」而快樂；第三種是因為得到外物或是比別人更好而快樂。

絕大多數人陷在第一種和第二種快樂中無法自拔，甚至懷疑，哪裡還有這樣的自得其樂呢？

回來看看我們生活中，那些能讓我們快樂到「開懷」的，大多具備這樣的共性：我們想要，我們主動，我們創造出了自己的方式，就好像跑步比賽拿到第一很快樂，但快樂指數遠不及在規則範圍內，自己創造出一種新的方法與腳步來配合，我們自然可以樂在其中。

創造讓我們收穫快樂，可是除了那些我們創造出來的作品，我們自己，就是創造者，也是創造者的作品。

每一次冥想，都是一次放下、創造的過程。

288 分享是內心快樂的泉源

回憶那些我們「開懷」的時刻，除了感受到對方的表達與自己心意相通，還有那些我們的表達被對方認可的時刻。

每個人都有與別人不同的經歷，而這些經歷中一定有我們「比別人更有自信」的部分 —— 當聚焦於「別人有我沒有」時，我們還可以看看「自己有而別人沒有」的部分。

嘗試將這些內在一點一點分享出來，在整理和表達的過程中，我們會感受到自己的豐富，到時候，就會全身心感謝那個願意傾聽、給我們機會表達的人，這就是「贈人玫瑰，手留餘香」的富足之美。

289　內心的強烈追求，像火焰般燃燒自己

當我們向外「展示」自己的內在時，這些被「秀」出來的內容從感性的「我覺得」，成為理性的「是這樣」。

而這樣的梳理，往往帶來更明確和強烈的欲望和動力——向前，向前。

越是清晰的目標，就越容易讓我們動身前往，甚至那些關注結果的人，也願意為了那個「目標」，犧牲或奉獻自己。

這種外界看起來近乎瘋狂的追逐，根源是你內在的純粹，你擁有無須成為別人的力量。

290　放大玩遊戲時的輕鬆心態

回憶小時候玩遊戲時的自己，輕鬆、快樂、全然沉浸於遊戲中，不用計較輸贏，似乎參與過程本身就已經很開心了。

長大後，反而因為想得多了，思慮多了，難以讓自己不在意結果，無所謂輸贏，尤其是那些人生重大的選擇關口，越慎重，越謹慎，越難以放輕鬆。

人生是一場放大版的遊戲，那些我們未曾過去的關卡，始終沒有過去，需要自己去通關；而那些已經過了的部分，就是已經擁有的技能，遺失不了。

所以，每一次往前走，每一次嘗試，帶著覺察，我們都比過去更豐富 —— 放輕鬆，人生就是一場遊戲。

291 順著生命的走勢去經歷

生活中有一種人常會吸引我們的目光，那種倔強中帶著一絲剛毅，為了某個「想要」而不斷努力去完成目標的人。

如果說生命原本對你有另外的安排，你兀自認為你的頭腦定下的目標才是你要做的，那就需要你以強大的力量不看、不聽、不想其他擾亂你的思想和行動的事情。

在生命和更廣大的存在面前，我們其實從來就沒有抗爭的可能。

生命是什麼？

一陣風經過，一朵花開，柳條隨風擺動。我們應該像它們一樣，坦然自若、順勢而為。

而「勢」，從來不是「我」以為，它存在於「我」以外的環境中。順勢，高則高，低則低，相信生命總會給你恰當的安排，而你只需要識別、經歷。

292　兩個人之間的友誼

男生之間的友誼是不打不相識，最佳損友；女生之間的友誼是分享祕密與希望，相互陪伴。男生與女生之間，有人說沒有純粹的友誼。那麼，這個世界哪裡有純粹呢？

如果我們忽略男生女生不同的性格特質，看一個個體與另一個個體如何建立友誼，那想必需要：

我們有同樣的土壤（相近的價值觀）可以交流，我不排斥你；我們看見並承認對方與自己不同，欣賞對方身上某些特點，希望對方成長得更好；雖然我們不同，但在成長的階段，我們以某種方式見證和陪伴對方的經歷，一同成長。

像兩棵樹，相互不同，但一起去經歷，我們以相近的速度生長，我們枝椏偶爾交叉，我們一起擁抱藍天和大地。

293　感受人群的歡樂慶祝

你是否能夠放下自己，感受周圍環境的輕鬆喜悅，彷彿這件事你並沒有太多感受，但是你可以因為感受到其他人的歡喜雀躍而開心，在那一刻，你放下了帶著判斷的自己，隨人群而動。

旅行時更容易產生這樣的體驗，我們去一個新地方，加入當地人歡快的慶祝隊伍中，即便不了解什麼情況，但莫大的喜悅真實存在。

這個時候，我們更像一個自然的人，與外界環境融合在一起。這個時候，我們的情緒和情感表達沒有抑制，而是自然流露。

偶爾體驗這樣的簡單快樂，是對自己的放鬆和愛護。

294 減壓是為了更堅定地出發

生活中，當我們面對壓力時，常會用吃喝玩樂的方式來為自己減壓，以便能夠有力地應對事情。

實際上，「卸下」負擔之後，我們更需要做的不是著急應對事件，而是在這個空隙裡創造一個轉入內在的靜止空間 —— 聽得到外界的聲音，卻不受影響，在沉穩中感受智慧，傾聽內心，區分誘惑和機遇，像是為自己「整裝」，然後全力以赴。

當我們的注意力不再關注外在而回到內在時，我們更容易產生堅定的力量，不被周圍左右。

練習冥想，就是在學習「轉向」的能力。

295 每一刻，都是嶄新的

生活中有許多看起來積極陽光充滿正能量的人，為自己的人生設定目標，然後努力向前，甚至不惜犧牲自己的健康和與家人朋友的相處時間，只為達成目標。

這樣埋頭苦幹的生活實際上有一個大陷阱：當你為了定下

的目標全力以赴，幻想收穫美景的時候，你如何確定那就是你需要完成的目標？

輔證之一是目標實現後的成功與喜悅令人心動，但這種狀態難以持久，為了維持生活的動力，你又需要尋找新的目標，開啟新一輪循環。

對於那些依照過去經驗而定下的未來目標，如此「全力以赴」、「孤注一擲」，是否扼殺了更多人生的可能性？

又如果，目標的出現，只是為了讓你經歷人生路上的一切，那如此咬牙堅持的過程豈不是難以感受到快樂？

不執著於過去，不沉溺於過去的延展或對立面，而應該讓現在成為現在。每一刻，都有來時的路，每一刻，都是嶄新的。

296　小時候我們總希望有個人能帶自己離開

小的時候，我們總希望有一個人能帶自己離開，女孩子更容易有這樣的幻想：如果有一天……。

實際上，每個人的內在都有女性力量的存在，對於男孩子來說，這個希望可以演變為：有一個人出現，我可以對她好，或是有一個人出現，讓我覺得我是活的、踏實的、心安的。

當我們將希望寄託在一個還未出現的人身上時，我們就需要花時間和精力去辨別，是他（她）嗎？彷彿自己擁有選擇權。可是在愛情的世界裡，哪裡有所謂的選擇權？讓你愛上的

那一個，從來都是你心甘情願的。

想讓愛情這場夢醒來，可以做的是讓期待和希望回到自己這裡，當你有能力帶一個人離開，也就意味著你可以給予自己安定踏實和幸福，在什麼都不缺的時候出現一個「你仍舊想要對他（她）好」的人，才會成就一段兩個人的旅程，讓人有機會感受與以往一個人時完全不同的豐富生活。

297 區分自我的和別人的

當我們選擇跟一個人一起向前走，就意味著我們在和對方一起經歷。除了那些事件，還有在事件中有各種反應和回饋的對方。

如果沒有覺知，我們很容易以為自己了解的是對方想要表達的意思 —— 實際上，我們只是用自己的眼光看待這一切，是自身想法的投射。

親密關係如同我們身邊最貼近內心的鏡子，映照我們想要的（喜歡）、不想要的（討厭），所以藉由我們對對方反應的理解，我們也可以了解一個更加真實的自己。

創造一個順暢的溝通環境，會有助於自己和對方關係的協調。

298 放手比抓住更需要勇氣

佛教說貪嗔痴，有執念的人都習慣性選擇抓住。面對這樣的人，我們常會說：放手，放下，一切就好了。如此看來，放手是抓住的「解藥」。

換個角度來看，抓住簡單，因為你可以什麼都不用管，拚命抓住那一個就可以了；而放手，除了需要解開自己的執念以外，還要面對那個「失去了」的自己和現狀，接納這一切。

放手比抓住更需要勇氣。

299 小心懶惰的合理化解釋

如果我們為自己設定一個目標，若不加覺察，常會為了完成目標而努力，然後在目標達成那一刻，心滿意足地享受成果，覺得給自己時間休息是在彌補過往的犧牲，認為這樣的彌補是合理的。

若現在為過去彌補，當下又在哪裡？那已經逝去的，補回來的意義是什麼，我們又如何真正補得回來？

所以面對事實，別以目標達成的休息來作為自己懶惰的藉口。

行走的意義，從來不是為了到達，因為出發、到達、休憩，再出發、再到達，本質上沒有區別。行走、經歷，就是為了體驗行走、經歷。

300 與自己和解

人與人的相處中，因為每個人都是獨一無二的個體，所以總會有摩擦發生，處理得當，雙方找到最佳相處狀態、攜手前行；反之，則容易兩敗俱傷。

如果我們能夠開啟覺知，去看、去聽、去感受，很容易發現看似爭吵的畫面，實際是自說自話。一個人不斷透過說服對方來說服自己，或是一個人不斷透過對方回饋的愛，來讓自己確信「我有愛人的能力」。

我們需要一個人，透過與他（她）的交流來讓自己的內在湧現，完成我們自己的整合。我們也可以以書寫、繪畫等輸出方式來「看見」內在的矛盾，與自己和解。

當我們與內在的自己和諧共處了，我們才是「一個」自己，能夠以「我」的姿態與另一個人享受兩個人和這個世界的樂趣。

301 允許悲傷浮現，接納就是療癒

我們常在生活中遇見非常強悍的人，外表像鋼鐵一般堅毅、勇敢、有力量，可是厚重的盔甲下沒有人知道他是怎樣的狀態 —— 他的臉上呈現的究竟是隨時準備戰鬥的緊繃表情，還是一道道已經癒合的清晰可見的傷疤。

洗澡的時候，人往往最放鬆。

當傷疤或者疲憊被看見、被關心，就是療癒的開始。

而療癒從來不是先問：你怎麼受傷了？你怎麼這麼笨？而是先看看如何消毒、止血，讓傷口可以早點好起來。

接納那些生命中已經發生的，然後，安靜下來，看著它們，感受它們 —— 這是自己能夠給予自己的療癒。

302　傾聽，是與更高能量連結的方式

如果你仔細觀察女性身上擁有的特質，很容易發現：她們是敏感的、接納的、包容的、平和的，擁有大地一般的力量，她們會聆聽 —— 不是帶著理性地分析，而是全心傾聽，跟你一起感同身受。

當一個人全身心地傾聽對方，專注到放下了自己，甚至沒有了自我意識的時候，神性的力量更容易與她連結，對方可以感受到「她」的平和、給予、祥和、穩定。

所以如果有機會，試著讓自己感受蘊含在身體之下的女性（陰性）力量，綻放出內在的慈悲、溫柔、包容，你就已經開始與以往不同。

303　信任生命，信任自己所未知的

我們總以為，信任是交付給那些我們已知的人的，因為我了解你，所以我信任你 —— 將信任綁在一個人身上，若這個人

發生了變化呢？後悔信任他，甚至開始懷疑信任本身。這不是信任，更像是為「自己偷懶」而找到的信任藉口。

我們還未曾了解全貌，但是我選擇信任你。就像我們終其一生，都不能了解生命的真相，但我們選擇信任：生命會帶來體驗；每一天我都對你多了解一點。這就喚醒了信任的力量。

相信我們是渺小的，相信那更偉大的存在會給予我們恰當的經歷，打開雙手，迎接和擁抱此刻，就是信任。

304 看見更廣闊的存在

抬頭看向那更廣闊的天空，我們常為自己限定，使自己成為籠中鳥，畫地自限。

但是，任何時候，只要我們想，我們都能夠改變現狀 ——「走出去」，這說明，我們與那更廣闊的存在相連。

從更小的地方前往更廣闊的地方，這樣的邏輯會讓我們更有勇氣和信心向前。

當來到「就要行動」的關鍵點，如果能夠覺察到此刻自己對未知的猶豫和害怕，嘗試相信此刻，我們終將看見那未知的另一面。

只要是未曾擁有的，都能成為屬於你的豐富。

305　真正的意識從內在覺醒

我們採訪「成功人士」的時候，常會聽到對方為了完成某個目標有意識地進行準備，有意識等同於制定策略、執行、完成。這看起來更像是頭腦在指揮「如何去做」，那意識從哪裡升起呢？

回憶生活中，怎樣的片刻讓你擁有信心、勇氣、動力呢？

是那個「我想要」的片刻。

頭腦層面的「想」更在意結果，而非頭腦層面的「想」更在意過程，比如我想要收入增加，我會計劃如何去實現，我看重目標是否完成，我的策略、計畫以目標為導向；比如我想成為一個有影響力的人，我會思考：什麼是影響力，以往我是怎樣的，我可以如何拓展……結果於是變成了起點。後者「想」的意識升起時，微小但清晰、堅定，能夠給予身心前行的力量。

306　腦中那些對立的想法

我們常發現腦中有些對立的想法：想吃蛋糕 —— 看起來很好吃的樣子，肯定很不錯；吃了會發胖，說好最近要減肥呢！

然後卡在中間，我吃呢，還是不吃呢？難以抉擇。

如果「想吃」代表感性，「會發胖」代表理性，這樣的矛盾出現時，除了讓人精神分裂，也是在提供一個機會：讓感性與理性溝通，找到恰當的「解決之道」。比如，嚐一小口，其他明

天當早餐；比如，延長自己的滿足感，先去做 100 個仰臥起坐再吃⋯⋯。

當我們找到對立想法的平衡點，我們會更自在、喜悅。

307 成年人的生存捷徑

在現代社會中，我們被教育要收斂自己的情感，要堅強，遇到困難也不要掉淚。慢慢地，我們彷彿穿上了「銅牆鐵壁」，有頭腦，擅長分析。因為沒有情感上的弱點，所以我們是「安全」的。

那些曾經在身體上或心裡留下的傷疤，只要我們不再遭遇類似的情況，就不會再次感受。

實際上，掉淚不等於哭，就像「喜極而泣」，在感受自然廣闊的美景時，在被震撼人心的作品觸動時，我們也會情不自禁地流下淚來。

淚水是打破那堅硬外殼的重要工具，當我們允許那些過往傷口浮現，給予關注，才真正有機會療癒它，從而感受到生命的柔軟和喜悅。

308 再等等，要等到什麼時候

當我們遇到猶豫不決的事情時，內心深處總會有一個聲音說：等等，再等等。可是要等到什麼時候呢？

我們似乎沒有一個清晰明確的回答。

等待背後，或許是面對未知的勇氣不足，或許是對自己能否完成的不確定，或許是思慮不周全⋯⋯。

等明天再說，明天不是有新的需要完成的事情嗎？真的會有明天嗎？

陷入拖延，整個人是無力的、焦慮的、不踏實的，立刻起身去做，我們才是有活力的、有行動力的 —— 還等什麼呢？

309　比較之後，我們忘記自身的存在

生活中我們很自然地藉由參照物來了解對方：你高所以我矮，你偉大所以我渺小 —— 這種比較過程常由「誰贏誰輸」畫上句點。

與之對應的，是形成自卑心理或是自以為強大的心理安慰。

你在這方面好或者不好，都不能影響你是這世界獨一無二的個體的事實，就像此刻從樹上掉落的那一片葉子，它就是那一片，不是其他。

當有所需要的時候，我們藉由比較來確定誰更合適，但千萬不要忽略了，這個「它」一直以這樣的方式存在，試著接納它的存在，只因為它就是它，而不是它好或者壞。

310 識別別人的「應該」，發現自己的「想要」

觀察身邊的人，我們發現他們總是特別疲累：緊盯著某個目標，奮力前行。若你問起他為何努力，他卻不能明瞭原因。

他所堅持和努力的，是別人所認為的「應該」，那是別人眼中認為他應該走的路。這種尷尬已經夠他承受的了，像一副看不見的重擔，放不下，如何還能全力以赴？

試著將那些不屬於自己的扔出去，當你扔東西的時候，卻常常拾回力量。慢慢放下別人的，選擇性地拾起自己的，腳步才會越來越輕盈，內心才會越來越充實。

311 轉向，向著內在的自己

教育培養我們成為一個具有天真、友善、樂於助人等正向性格的人；教育也培養我們運用頭腦分析，實現我們的目標，所以有時候我們看起來「天真爛漫」，有時候卻「複雜多變」。

成年之後，工作之後，社會生活中會有更多的「應該完成」，許多人在「努力說服自己實現目標」時，小心翼翼守護著內心的那份純真，甚至在極端狀態下陷入二選一的尷尬境地，殊不知，這樣的小心翼翼背後，是對自己深深的愛、歉疚與自憐 —— 這就是所謂「那個真正的自己」。

兩個部分都是我們的內在，但兩個部分都只是我們內在的一部分，內在的自己是共同擁有這兩部分的「那個傢伙」。一旦

陷入二選一的尷尬境地，在內在探索上就止步於此而難以向前推進了。

312　過去的，已經過去

當心有期待的時候，我們會自發啟動積極動力，對未來充滿期待。反觀我們最為低落的時候，往往沉浸於過去的「不好」中，反思，再反思。

當思緒處於正常運作的狀態，我們會發現，無論過去發生過什麼，再糾結纏繞都沒有任何意義，放下才是最好的選擇。而當自己置身其中，才發現做的遠比說的難。

但透過這樣的「罪惡感」的折磨，我們會發現：內心對這個人、這件事充滿善意的期待或想要完成得更好，不斷反覆經歷，也是為了實現目標 —— 與其不斷在想像中糾結，不如正視期待，去行動，去實現目標。

過去，已經過去。

313　憂傷是一朵在內心盛開的小花

絕大多數現代人都討厭憂傷，喜歡感受快樂，我們沒有想過是不是因為太不開心而想要追求快樂，卻花了大多數時間研究如何消滅憂傷 —— 去吃、去睡、去旅行、去躲避，都是為了讓悲傷經過。

想想那些內在開出花的瞬間：遇見喜歡的人，與真愛的人共進晚餐，實現一直想要的目標……可是有一個問題：心打開的時候只能感受到「好」的東西嗎？再來看憂傷 —— 心若不打開，如何感受憂傷？

相信所有發生的事情都是為你而來，所以看看隱藏在憂傷背後那些想要讓你明瞭的道理吧！比如：想要珍惜的心情。

314 真正的力量不帶有傷害

生活中我們常看見一些昏昏沉沉的人，不以思考，只做著一些理所應當的事，無所謂開心，也無所謂不開心。

生活中我們也常常看見另一種人：爆發著蓬勃生機，似乎整個人都閃耀著光芒，向世界展現他的力量，只是這樣的力量偶爾會灼燒身邊那些自卑的人，使他們看清內心的惡或恐懼。

於是我們漸漸明白，這世界的新奇隨時都在，我們不斷體驗新鮮，在與外界一輪又一輪的磨合中，我們從過去的自己中生出一個新的自己來。

315　失衡，也是一種狀態

我們常發現身邊許多人，謹小慎微地控制著身邊的人、事、物，期待所有的事情都按照自己的節奏、步調，甚至方向運轉。為了維持這種控制，不惜拚盡全力，因而明顯地呈現一副不易變通的形象。

然後這層「固若金湯」的面具深深嵌入他的內心，難以摘除，遇人遇事他都是一副無法改變的面孔，缺乏親近和柔軟。

世間總有平衡。

我們基於過去的經驗，為將來制定目標，如果控制帶來平衡，那麼失衡也是正常的自然狀態，會帶來新的喜樂和驚喜。

316　當頭腦中塞滿規則

現實生活中總有各種各樣的規範，這件事情你要這樣做，那件事情你要那樣做。

然後我們發現頭腦中塞滿規則的人，常常完美得像個僵硬的人，封閉了內心的真實感受，而將所有的能量都花在了對規則的記憶與完成中，謹小慎微，如履薄冰。

對社會來說，遵守規範是一件無比重要的事，但從個人角度來說，在規則允許的範圍內活出自己，這才是目標。

拿規則當藉口的人，是在某種程度上拒絕了創造力。

317 鬆開手，擁抱這個世界

一個人身體的各個部分是相連在一起的，因為它們都是「我」的一部分。所以身體和心靈也在以我們知曉或不知曉的方式連繫在一起。

當一個人與世界為敵，或認為世界在侵吞他，他常常緊握雙手，緊緊盯著周圍的風吹草動，隨時準備躲避或是進行自我防禦。他的力量一直在積蓄、儲備，以應對不時之需。長此以往，人是疲憊的。

當我們想要擁有手中的沙，緊握的方式看似有用，實際上手中的沙卻越來越少，如同那個一直緊繃著的人，如何能夠感受身邊的柔軟與溫暖？

鬆開緊握的雙手，會擁有更多沙 —— 放下戒備抵抗的念頭，你原本就在世界中，世界無法真正傷害你。

當你嘗試做出改變，一切就不同了。

318 看清頭腦的目的

我們的教育常常用來訓練頭腦的思維，告訴我們以怎樣的方式完成目標，我們像一個複雜的機器，預測過程中可能出現的問題，思考備選方案。

若沒有心的覺醒，頭腦常會像上了發條的機器，一旦啟動，就難以轉向或者停下，而是在過去設定的某條軌道上狂奔

下去，說不清是為了經歷還是為了完成目標。

　　渺小的個體無法控制事件發展，頭腦像極了殫精竭慮的戰鬥指揮官，耳朵、眼睛、鼻子都成為訊息接收器以面對變化，嘴巴成為混亂頭腦的唯一出口。若你能嘗試聽聽自己說了些什麼，就可以明白那些想法多麼混亂不清，不是停留在過去，就是在為將來準備，總之不在當下。

　　頭腦是我們的「僕人」，需要跟隨心的指引 —— 冥想所訓練的覺察，就是心的能力。

319　你的現在，就是過往經驗的結果

　　當我們抱怨社會不公的時候，便陷在自己的悲哀裡，很難發現在同樣的環境下總有其他人做得比自己好 —— 你不該將失敗歸咎於時代或者環境因素。

　　我們所選擇的一切，都將我們導向下一段旅程。

　　若是在過程中，我們全然去感受過程，感受到內在的開啟與綻放，那麼，我們很容易收穫由我們的努力帶來的機會。

　　藉由這些機會，我們漸漸成為心智圓融的人，這與宗教裡提到的內在神性有關。我們和那個「一」在一起。

320 找到自己的節奏

因為想得到被肯定的快樂，所以我們常不自覺地在父母面前當一個懂事的孩子，在老師面前做一個勤奮的學生。

成年後，因為深知未來無法預知，所以我們努力準備，以應對許多意料之外的事，又或是為了讓自己擁有更多選擇權，在許多方面努力前行，恨不得將所有的時間填滿，以備厚積薄發。

生命的意義在於趕路嗎？

一天無論如何度過，都有 24 小時，找到自己的節奏，不慌不忙、不緊不慢的表象背後是懂得取捨，對自己有信心，對未來心懷期待。

321 觀照內在的光芒

我們習慣於從外界獲得引導，就像小時候父母、老師告訴我們如何去做一樣，遇到困難時，我們總希望有一個人告訴我們該怎麼做，或是哪一條路才是對的。

回憶每一個你糾結的關口，內心是否都有微弱卻清晰的「靈感」被捕捉，儘管隨之而來的是自我肯定的困難，是仍舊需要尋求來自外界的確認。

真正屬於你的「方向」，從來都從內在綻放，只是我們不習慣於向內尋求，所以需要向外「確認」── 問問自己，你是否

在想要得到答案時，有選擇性地向某個人或某類人尋求驗證？

需要引導時，停下來，聽聽自己的內心。

322　從緊盯過去，到感受開闊自由的現在

從絕大多數人的追求中，我們可以反推他們的過往，那些內在的驅動往往與想要相關，而想要擁有的背後，則是大大的缺失。

當一個人看見一樣缺乏的東西時，幾乎是本能地伸手去抓取，彷彿終於等到了這個不可多得的機會，以為自己擁有了，甚至標榜自己「此刻擁有」，並稱之為幸福。

然而內心，真的幸福嗎？

試著感受那些與朋友相約分享生活的「此刻」，也試著體會內在打開、與天地自然相連結的片刻，那是與「好不容易遇見」所不同的輕鬆自由。

與其被過去限制，不如放輕鬆，感受現在。

323　除了等待，我們還可以嘗試

當我們遇到難題時，習慣於期待有一個人出現 —— 幫忙，確認，或是實現結果。當我們將 100% 的力氣投入這份找尋時，若找不到，執念會漸漸發揮效用；若找到，似乎對方理應承受我們認為的。

難題的出現，有時候是對自我的考驗 —— 我是否可以嘗試推開門，走進去，面對和接納未來可能發生的變數？

懷疑的背後，藏著對自我的不信任，寄希望於別人，除了信任別人，還可能擔心自己會辜負自己。但生命的體驗，沒有誰理應背著誰往前走，我們要嘗試回到自己的劇本，綻放內在的勇氣，活出自我。

324 當你糾結於是否妥協時，請關注自己

與人交流時，我們常陷入二選一的境地，要麼請對方妥協於我，聽我的；要麼我妥協於對方，聽對方的。

面對那些新狀況，對未曾有豐富經驗的兩個人來說，聽誰的都不明智，因為都在嘗試。而其中一位雖然看似有優勢和豐富的經驗，但在單向的時間中，這些過往只能增加準確的機率，而無法保證那就是唯一正確的道路。

無論遇到怎樣的情況，當你糾結於是否妥協時，請關注自己：我是否表達了自己；我是否已經了解了對方的情況；我是否將自己限制在兩種狀態中而沒有創造新的可能。

325 耐心，等待心裡開出花來

現代社會的快節奏，讓我們越來越難以慢下來，曾經用三分鐘完成的事情，如今兩分鐘會更好。似乎看起來更有效率，就是更好。

我們加快腳步，是急著去做什麼呢？有什麼是必須快速完成的嗎？

穀物需要四季，孕育新生命需要十月懷胎，在等待中，除卻執著於結果的焦慮，還有機會細細感受和品味變化：種子發芽、成長、結穗；肚子慢慢變大，第一次胎動 —— 這是一種美妙的體驗，安靜地、喜悅地在內心開出花來。

不緊不慢，靜下來，等一朵花開，享受陪伴、培育的美好。

326 平凡之路，從不平淡

如果問現代人想要成為什麼，許多人會習慣性給出一個不那麼平凡的答案，比如，更成功、更好、更優秀，讓自己看起來「不凡」。但在不凡的生活中，總有些雷同的平凡：三餐、四季、吃穿……與其創造那全然的「新鮮」，不如在平淡生活中造就不凡，如同最難做的菜是看似簡單的蛋炒飯。

接納平凡，又不甘於平淡，將平凡生活變得五顏六色，這樣的人，歡喜自在。

327 瓜熟蒂落，水到渠成

成年人面對看重的東西時，總會更加謹慎，希望等到更合適的時機，去實現自己想要的。

可是什麼時候才是合適的時機呢？

牛頓坐在樹下，對蘋果沒有任何期待，但蘋果熟了，自己掉落下來砸在他的頭上 —— 他開始了對萬有引力定律的思考。

從來沒有最合適的時機，也隨時都是恰當的時機。

當你想要去分享、去做、去感受時，就是屬於你的時機。

328 打開心，與世界連結

憂傷或者悲哀的時候，我們是單獨的，甚至籠罩在自己深深的「負面」裡，抬不起頭。

與更多人在一起，與他們手牽手共同做事的時候，我們的內心是開心喜悅、充滿力量的，我們沉浸在那超越自己的「一」中，深深觸動。

我們習慣於去發現和尋找自己的獨特，以為我們是世界的唯一 —— 可是我們原本就是獨一無二的 —— 緊盯著我們與別人的不同，就很難了解人性的相同。

我們從未孤獨。我們又從來都是單獨的。

329 豐富的內在使我們更能接納一切

我們常用一些「應該」限制自己，可以怎樣，不可以怎樣。然後，我們使這些界限不斷變得更加分明，卻因此失去了另一方面的體驗。比如男孩應該勇敢，他們卻因此失去了表現柔弱的機會。

事實上，人性包括男性化特質，也包括女性化特質，它們在不同的階段以不同的方式在每個人身上體現，這才是完整的我們。

豐富的我們能夠接納這一切，讓它們自在呈現，這才是一個完整的人。

330　散播你的愛與慈悲

當一個人的內在可以生出花來，他整個人會呈現出「生機勃勃」的狀態，他內在的喜悅以舒適的方式像溪水一樣緩緩流出，滋潤著身邊的人。

他不僅與外界連結在一起，還用心地給予、滋養、創造身邊的一切。每個人都有豐富這個世界的能力，前提是以自己的方式。

不是因為我選擇了你，而是因為你出現在我的生命中，我便給予你這來自獨一無二的我的愛與善意，邀約你跟我一起讓內在開出花來。

331　慢下來，進入核心

生活中我們情不自禁地想要快一點，快點上菜，車子快點來，甚至快點戀愛。實際上，當你急著趕往目的地的時候，是否思考過 —— 到達目的地之後呢？

慢下來，學會靜心，安住在每一個片刻裡，全力感受，盡力向前，這才是最重要的體驗，也是這個時候才能明瞭目標出現的意義不是為了達成，而是「引誘」你出發，享受這段旅程。

當我們將關注力再一次回到自己這裡，就與我們內在的核心在一起，不著急，不驚慌，順著自己的節奏來。

332 像孩童一樣，體驗未知的冒險旅程

成年之後，在收穫聰明和經驗時，我們卻漸漸喪失好奇與勇氣，對於那些未曾經歷過的，我們越來越小心謹慎，甚至被潛意識操控著，失去控制權。

小時候的我們和長大後的我們，有什麼本質區別嗎？

一樣的未知，一樣的迷茫，一樣的充滿期待，一樣的盡心盡力。

當前路漫漫，除了費盡心力去保持自己的想法、穩步推進外，我們也可以像童年時一樣，帶上勇於冒險的心，開啟新旅程。

瑜伽體式練習入門

③③③ 瑜伽是什麼

　　瑜伽，意味著連繫、結合、束縛。在體式的練習中，可以這樣理解這三個層層遞進的概念：

- **連繫**：我們需要覺察身體的各個部分，在體式練習中，將它們連繫起來；
- **結合**：在覺察到和各個部分漸漸連繫的基礎上，在體式練習中將各個部分融合為一個整體；
- **束縛**：形成了整體之後，不是任由整體無限向外擴張，而是向內回到更精細的部分，束縛身體能量，使之更加穩定，為下一階段的練習做準備。

③③④ 瑜伽習練中，跟隨老師的引導

　　瑜伽習練過程中，我們會像學生一樣，習慣性地努力完成老師的「要求」。殊不知，在瑜伽的習練中，每位瑜伽老師的語言都是引導，透過引導來讓你從動作開始與自己的身體連結，在這樣的連結中，重新啟動身體的力量，挖掘身體的潛力，與身體合而為一。

　　所以，老師的語言只是動作引導，習練過程中，需要提醒

自己：瑜伽的習練不是為了完成動作，而是感知身體的狀態，在循序漸進中增強身體和心靈的力量、韌性、平衡，達到合一。

335 正位

瑜伽的體式練習講究正位，即脊柱、骨骼、肌肉、器官都回到原本的位置，在體式變化的過程中實現它們的伸展、力量，並且建立穩定的平衡性。

由於身和心不可分割的關係，我們也在練習過程中打開內在，讓它更有力，實現穩定平衡。

336 呼吸

就像樹葉的存在可以讓整棵大樹全力感受呼吸一樣 —— 體式練習中，我們也藉由呼吸實現與外界的能量交換，在放緩呼吸的過程中漸漸放鬆緊張的身體部位，也透過呼吸啟動與身體原本力量的連結。

絕大多數情況下，吸氣都配合延展的動作，而呼氣則配合身體運動（向上、向下、扭轉），或是完成伸展之後的放鬆。

試著帶入你對自己的呼吸覺察，十指大分開，感受體式練習動作的流暢。

337　手腳大分開

我們常常刻意訓練敏捷的思維，卻常常忽視身體的鍛鍊，所以現代人對身體的覺知大多比較遲鈍，當感覺到疼痛，實際已經經歷了一段「潛伏期」。如何從遲鈍狀態中甦醒過來？

想像血液流動的中心是心臟，氣脈流動的中心在肚臍附近，那麼我們的雙手雙腳就是距離這兩個「起點」最遠的地方。每次瑜伽習練中，有意識覺察、提醒、觀照自己的手指、腳趾是否分開、有覺知，直至有力。慢慢地，你對自己身體的感覺會變得敏銳起來。

338　挑戰，不要較勁

瑜伽習練過程中，當我們嘗試形成新的突破時，很容易產生一種矛盾心理，一邊是「我努力挑戰一下」，一邊是「這樣的較勁是否是對自己身體的傷害呢」，其實兩者的區別很簡單。

挑戰，是從尊重現在身體所能實現的狀態出發，藉由呼吸的引導，嘗試向前推進一點點，過程中遵照和尊重身體感受，盡力就好，對「結果」沒有預設或執念。而較勁是指，以某個動作為「終點」，盡可能地實現這一「目標」，甚至硬撐。

瑜伽體式習練過程中，我們鼓勵你挑戰一下，不贊成你較勁。同時，也提醒你，不要以「不較勁」、愛惜身體為藉口而不去行動。

339 山式：像山一樣站穩

現在，請跟我一起來感受瑜伽。

雙腳站在瑜伽墊上，在站穩的基礎上，吸氣，抬起腳趾頭，伴隨呼氣放下腳趾頭，讓整個腳平穩地踩在瑜伽墊上。

自然呼吸，小腿肌肉繃緊，外旋，大腿肌肉收緊，內旋，臀部腰腹力量收緊，尾骨內收，肩膀自然放鬆，下垂，頸椎放鬆，下巴微收。

吸氣，雙手十指分開，合掌於胸前，感受肩胛骨的打開。呼氣，眼睛直視於前方一點，保持穩定。

自然呼吸，回收感官來感受身體的平衡、穩定。

340 樹式：成為一棵樹

先以山式站姿站立於瑜伽墊上，放鬆，開始感受身體。

吸氣，彎曲右腿，將右腳掌貼於左大腿根部，右膝向右側打開，右腳用力蹬左腿，左腳保持穩定。呼氣放鬆，雙手合十胸前。

吸氣，保持合十伸展手臂向上，手臂在耳朵旁側自然伸展，肩膀放鬆。呼氣放鬆。

保持自然呼吸，可閉上雙眼，或注視前方某一點，感受身體左腳的穩定，右側膝蓋牽引的打開，核心力量的收緊，手臂

向上帶來的延展，像一棵正在生長充滿生機活力的樹。

記得換側練習。

341　風吹樹式：感受風從身旁吹過

山式站姿站立在瑜伽墊上，感受身體的穩定、放鬆。髖部以下保持不動。

吸氣，保持背部自然的狀態下，伸直雙手向上，十指交叉翻轉掌心向上。手臂在耳朵旁側，肩膀放鬆。呼氣，左側身邊手臂帶動身體向左側彎，眼睛看向右側手臂內側上方的天花板方向。

在呼吸中，感受右側手臂到腰線的延展拉伸，像一陣風吹過枝椏，感受被輕輕壓彎的柔韌。

記得換側練習。

342　直角式：用身體丈量大地

山式站姿站立在瑜伽墊上，伴隨呼吸將注意力轉移到自己的身體上。

吸氣，雙手高舉過頭頂，十指交叉，翻轉掌心向上，肩膀放鬆。

呼氣，手臂帶動身體，以髖部為折點，向前、向下，過程中保持背部打直的狀態，直至背部與地面平行。收腹，集中核

心力量，手臂與背部成一條直線，雙腿、臀部成一條直線，兩條直線呈直角。

吸氣，雙腳帶動雙腿向地面延展，手臂帶動背部向前方延展。呼氣，如果可以的話，抬頭，眼睛看向交叉的雙手。

保持呼吸，感受手臂肌肉、側腰、核心力量、雙腿肌肉的收緊。

吸氣，手臂帶動上半身起；呼氣，放鬆雙手回到身體兩側。

可雙腿分開與髖部同寬進行練習，注意不要塌腰。

343 放氣式：回歸身體的清淨

山式站姿站立在瑜伽墊上，放鬆身體。

吸氣，雙腳打開與肩同寬，伸直手臂向上，延展手臂背部。

呼氣，手臂帶動身體向下，將雙手掌心放在雙腳下。

吸氣，膝蓋彎曲，抬頭眼睛向上看，延展背部。

呼氣，低頭，伸直雙腿，背部向下並嘗試貼近雙腿（可適當彎曲手肘、微屈膝蓋，加強背部貼靠）。

伴隨呼吸，重複上面提到的延展、貼近。

呼氣，放鬆雙手，夾住雙耳，帶動身體直立。

344　增延脊柱伸展式：整個人看起來長高了

山式站姿站在瑜伽墊上，放鬆身體。

吸氣，伸直手臂向上，眼睛看上方，尾骨夾緊向前推；

呼氣，以髖部為折點向下，將雙手放於兩腿外側。

吸氣，抬頭延展頸部和背部，眼睛盡量向上（收腹，感受前側身體直至腰腹的拉伸）；呼氣，盡量壓低上身，依次用腹部、胸部、前額貼雙腿（可微屈膝）。伴隨呼吸，延展，貼靠。

吸氣，抬頭，手臂帶動身體起身；呼氣，放下雙手回到山式。

345　花環式：送你一個美麗的花環

山式站姿站立在瑜伽墊上，放鬆身體，腳後跟併攏，腳尖向外。

吸氣，雙手側平舉；呼氣，彎曲雙腿向下蹲，上半身稍向前傾，膝蓋向兩側打開，兩手繞過膝蓋內側握住腳踝（或在臀後側十指交叉）。

吸氣，抬頭，眼睛向上看，延展背部；呼氣，低頭（盡量前額貼地），自然呼吸。

吸氣，抬頭雙手側平舉，起身；呼氣，放下雙手，腳尖還原。

346 貓式伸展：向貓咪學習

四角板凳狀趴在瑜伽墊上，掌心貼地，膝蓋、腳背貼地，肘心相對。穩定身體重心，背部脊柱自然伸展。

吸氣，眼睛向上看，帶動頸椎、脊柱向上延展，塌腰（腰部下沉），臀部向上延展尾骨；呼氣，低頭，拱背，手臂有力向地面方向推，下顎貼向鎖骨，收腹，收尾骨，感受整條脊柱伴隨背部拱起而被帶動的靈活。跟隨自己的呼吸，重複上述呼吸動作。

347 叩首式：叩首，禮讚大自然

金剛坐姿（膝蓋併攏，雙腳內側併攏，臀部放在腳後跟上）坐於瑜伽墊上。

呼氣，雙手輔助，將頭輕輕放在瑜伽墊上，保持重心穩定，鬆開雙手放到膝蓋外側，掌心向上，注意頸椎、背部、手臂自然放鬆。

吸氣，抬高臀部，頭頂著地，盡量讓兩大腿與地面垂直；呼氣，壓低臀部，坐到雙腳上。伴隨呼吸，重複上述動作。動作進行中，請覺察頭部在這個體式中與其他體式中的不同感受。

（注意：高血壓、眩暈症或嚴重頸部疾病的人不做這個練習。）

348 **雙腿背部伸展式：延展開來，再折疊起來**

調整坐骨，穩定地坐在瑜伽墊上，雙腿伸直，腳尖回勾。

吸氣，伸直雙手，手臂帶動脊柱直立、延展，延長腰腹；呼氣，保持臀部、腿部不動，手臂帶動身體向前、向下，以髖部為折點，雙手盡量抓住腳趾頭（如果有難度，嘗試將雙手放在小腿最遠處）；吸氣，抬頭眼睛向斜上方天花板看，頭部帶動頸椎、脊柱、腰腹向前方延展，為下一步折疊留出空間；呼氣，背部向下，依次讓胸部、腰腹貼靠大腿，注意不要刻意頭向下接觸膝蓋（小腿），重點在延展背部。

重複上一個呼吸動作，直至不能再向下，或完全貼靠，保持在該動作上，自由呼吸，感受腿部後側的拉緊和背部的放鬆。

349 **簡化脊柱扭動式：慢慢地旋轉身體**

直角坐姿（雙腿伸直，腳尖回勾，背部直立，整個身體呈直角狀）坐於瑜伽墊上。

吸氣，彎曲右腿，右腳放於左膝外側；呼氣，上半身向右旋轉，右手放於右側臀部後方，左手肘頂住右膝來增加扭轉幅度，頭跟隨上半身轉動，眼睛看向右後方，自然呼吸。

（注意：如果想要加深扭轉的幅度，可在吸氣時延展脊柱，為腰腹創造更多扭轉空間，呼氣時再次扭轉；扭轉時不要為了追求扭轉的深入而破壞了肩膀的放鬆和平衡，身體需要緩慢；

呼吸隨扭轉深入而短促，屬正常現象。）

吸氣，身體回到正中，放鬆雙手；呼氣，伸直右腿，回到直角坐姿。調整呼吸，換側練習，感受脊柱的轉動帶來的胸腔、腰腹的甦醒與啟動。

350 船式：感受船隻在大海中航行的穩定

直角坐姿坐於瑜伽墊上，腳尖回勾。

吸氣，彎曲雙腿，雙手抱住膝窩；呼氣，上半身向後仰，身體重心移至臀部；吸氣，伸直雙腿；呼氣，鬆開雙手，十指大分開，掌心相對，放於膝蓋外側。

保持這個姿勢穩定，自然呼吸，感受自己的穩定。吸氣時覺察背部延展，呼氣時放下雙手腿，回到直角坐姿。

（注意：若腰腹脂肪較多，堅持這個姿勢幾秒鐘之後會感受到腹部的抖動，如果可以的話，盡量多保持一下，這個姿勢可以非常有效地促進腸道蠕動，改善消化，鍛鍊腹部肌肉。）

351 砲彈式：釋放腹中廢氣，感受輕盈

仰臥於墊子上，雙手放在身體兩側，掌心向下。

吸氣，彎曲右腿，雙手交叉抱住右小腿；呼氣，上半身抬起，下顎貼靠右膝；屏息保持 5 ～ 10 秒；吸氣，頭部背部放回墊子上；呼氣，鬆開雙手，伸直右腿。換側練習。感受體式過

程中釋放腹中廢氣後輕盈的感覺，也在體式練習中加強腹部、頸部肌肉的鍛鍊。

352　韋史努式：來，一起放鬆一下

側臥於瑜伽墊上，腳尖回勾，彎曲左臂，左手托起頭部，右手自然放於體前撐地。

吸氣，彎曲右腿，右手三個指頭抓住右腳大拇指，向上伸直右腿，眼睛看向右腳的方向，自然呼吸；呼氣，鬆開右手放下右腳並伸直。

換側練習。注意在練習過程中，盡量保持身體處於一條直線。

這是一個讓人背部和精神都放鬆的體式，感受練習過程中腿部內側肌肉的收緊，以及對腰線上多餘脂肪的擠壓，可提高身體平衡力。

353　搖擺式：充分運用自己的身體來按摩

仰臥在瑜伽墊上。

吸氣，彎曲雙腿，將大腿盡量貼於胸部，雙手十指交叉抱住小腿；自然呼吸，將身體前後擺動，重複幾次後停；呼氣，鬆開雙手，伸直雙腿。

（注意：自然呼吸身體擺動過程中，感受身體自然「流動」，

腹部自然發力，以及身體運動中背部的按摩與放鬆。這個體式還可以按摩髖部、臀部和背部，排出腹中的氣體，有助於放鬆胃部和腹部區域。）

354　攤屍式：90% 以上的人最愛的瑜伽動作

平躺於瑜伽墊上，雙腳微微打開，雙臂放在身體兩側，掌心向上，覺察身體，全身放輕鬆。

嘗試將注意力放到自己的呼吸上，在平緩的呼吸中感受身體各個部位的放鬆。你可以嘗試從頭到腳（或從腳到頭）掃描全身，如果感受到身體哪個部分緊張，在緩慢深長的呼吸中，將關注點放到緊張的部位，慢慢放鬆下來，感受身體後側與瑜伽墊的貼靠，感受地面穩穩地支撐著你。當你放鬆到舒適的時候，就可以起來了。

（注意：瑜伽體式練習末尾都可以以這個姿勢放鬆；秋冬在做這個姿勢的時候，請您注意保暖；睡前可單獨做這個體式，會有助於睡眠。）

355　幻椅式：彷彿坐在椅子上

山式站姿站立於瑜伽墊上。

吸氣，雙手向上，掌心相對，十指大分開延展手臂肌肉，頸椎放鬆，下巴微收，肩膀放鬆（不聳肩），背部延展；呼氣，

緩慢屈膝，臀部向後，帶動背部手臂整體向後向下，收緊腰腹，雙腳穩定地支撐身體。自然呼吸，保持該體式 6 ～ 10 秒。吸氣，伸直膝蓋；呼氣，放下雙臂，放鬆身體。

（注意：膝蓋彎曲前不過腳尖，後不過腳踝，覺察肩膀是否保持放鬆，手臂力量不鬆懈。若想加深難度，可在穩定的基礎上，嘗試讓大腿盡量平行於地面，像坐在椅子上一樣穩定。）

這個體式可增強雙踝、雙膝、大腿內側的耐力，放鬆髖部。該體式可以強健雙膝，但膝蓋有傷的人不宜多做。

356　下犬式：大伸懶腰，放鬆你的背

以四角板凳狀趴在瑜伽墊上。

吸氣，雙手雙腳發力，將臀部推至最高點；呼氣，啟動手臂、腿部力量，腳後跟盡量向下踩，拉伸腿部後側，注意手臂伸直，與背部延展為一條直線，頭部自然放鬆，目光凝視腳尖。

保持自然呼吸，收腹，盡量放鬆延展背部，臀部盡量向上；呼氣，屈膝，彎曲手臂，回到四角板凳狀。

該體式練習要點在於：肩膀放鬆，不壓肩，背部手臂延展，腿部後側拉伸。下犬式可以有效幫助我們放鬆肩膀背部，收緊腰腹，訓練身體核心和腿部力量。

357 三角伸展式：打開你的身體

雙腳大分開，與雙手打開的手腕距離接近，站立於瑜伽墊上，收緊腿部、腰腹肌肉，胯部正對前方。

吸氣，雙手側平舉，十指大分開，啟動手臂肌肉力量；呼氣，右腳右轉 90 度，第二個腳趾頭指向右側前方；吸氣，延展背部，放鬆頸部和肩膀，腰腹腿部肌肉不放鬆；呼氣，右手手臂帶動身體向右前方伸展，延長左側腰線，右手臂向下，帶動身體向右側彎，左手順勢指向天花板方向，掌心正對前方，眼睛看向左手指尖的方向。

保持這個姿勢 6～10 秒，胯部保持正對前方不轉，收緊腰腹，感受右大腿內側和左大腿外側的拉伸，左側腰線到手臂的延展。

吸氣，左手手臂向下，帶動身體回正；呼氣，放下雙手，右腳轉回到正前方，收回雙腳。換側練習。

（注意：在這個體式練習時，將注意力收回自己的身體上，去感受身體在一條中線、一個平面上，向單側彎曲。）

358 三角轉動式：打開，轉動

雙腳大分開站立在墊子上；吸氣，兩臂側平舉，左腳尖指向前方，右腳向外擴展 90 度；呼氣，身體轉向右側，上半身向下彎，左手放在右腳外側，右手向上伸直，目光注視右手指

尖，兩臂及兩肩呈一條直線，上半身盡量轉向右後方，自然呼吸；吸氣，起身，身體回到正中，右腳尖向前，左腳向左擴展90 度；呼氣，身體轉向左側，上半身向下彎，右手放於左腳外側，左手向上伸直，眼睛注視左手指尖，兩臂及兩肩呈一條直線，上半身盡量轉向左後方，自然呼吸；吸氣，起身，身體回到正中；呼氣，放下雙手，合攏雙腳。

（注意：該體式可有效消除背部疼痛，擴張胸部，按摩腹部器官，減少腰圍的脂肪，增強雙腿肌肉力量。）

359　加強側伸展式：低頭，貼近自己的力量核心

雙腳分開，略比肩寬，站在瑜伽墊上。

吸氣，雙手在背後合十，翻轉指尖向上，盡量將雙手放在肩胛骨中間，保持兩小臂在背後成一直線，右腳右轉 90 度，左腳向右轉 30 度；呼氣，身體向右轉；吸氣，上半身向後彎腰，保持一次呼吸；呼氣，身體向前、向下，上半身慢慢貼到右腿上，自然呼吸；吸氣，起身；呼氣，身體回到正中，雙腳回正；吸氣，右腳向左轉，左腳向左擴展 90 度；呼氣，身體向左轉，做同樣的練習。

（注意：體式練習中，嘗試感受胸腔擴展之後呼吸的深長、脊柱的伸展、雙腿肌肉的增強。該體式可以靈活手腕，改善不良體態和圓肩。）

360 側角轉動式：輕微轉動，穩定向上

雙腳大分開，站立在瑜伽墊上。

吸氣，雙臂側平舉，右腳向右轉 90 度，左腳尖保持向前；呼氣，彎曲右膝成弓步，眼睛看向右手指尖，注意上半身面對正前方，垂直於地面；吸氣，延展手臂、背部，保持穩定；呼氣，上半身右轉，將左手掌放在右腳外側（或內側），右手向上伸直（或向前），五指大分開，眼睛望向右手指尖方向，自然呼吸；吸氣，雙手側平舉起身；呼氣，身體回到正中，雙腳回正，換側練習。

（注意：在該體式練習中，注意收腰腹，保持核心、手臂力量啟動，不是上半身「壓」在雙腿上，感受脊柱轉動帶來的彈性與靈活、胸腔的進一步擴展、髖部靈活性的增強和腿部肌肉耐力的增強。該體式在擠壓腹部內臟器官的同時，加強了膝蓋和腳踝的鍛鍊。）

361 戰士二式：學習戰士的英姿

雙腳大分開站在瑜伽墊上，第二個腳趾頭朝向正前方。

吸氣，雙手側平舉，十指大分開，延展背部、手臂，放鬆頸椎；呼氣，右腳向右旋轉 90 度，收緊腹部核心力量，保持髖部面向正前方；吸氣，感受整體的延展和穩定，頭頂、手臂、背部的延展，腰腹收緊，腿部肌肉力量啟動；呼氣，彎曲右膝，

如果可以，盡量讓大腿小腿呈 90 度，眼睛看向右手指尖方向；保持該動作，自然呼吸；吸氣，頭部轉回正前方，放下雙手，收回右腳，雙腳；呼氣，放鬆，調整狀態進入換側練習。

（注意：該體式動作進入時，需要保持核心力量收緊；髖部保持正對前方，不因膝蓋彎曲而受影響；背部放鬆；隨膝蓋彎曲而增強腿部肌肉耐力。）

362　雙角式：慢慢下，慢慢起

雙腳大分開，站在瑜伽墊上，髖部面對正前方，雙腳第二個腳趾頭朝向正前方，保持穩定。

吸氣，伸直手臂向上，手心朝前，手臂保持在耳朵旁側，肩膀放鬆，背部放鬆；呼氣，以髖部為折點，手臂帶動身體向下，直到雙手指尖觸地，背部與地面平行；吸氣，抬頭，眼睛看斜上方天花板，延展頸椎、背部；呼氣，低頭，在雙腿保持穩定的情況下，背部嘗試向雙腿方向貼靠；吸氣，延展頭部、背部、腹部；呼氣，背部繼續貼靠雙腿方向，嘗試將頭部放在雙腳之間，雙手臂曲肘放在頭部旁側；自然呼吸，停留 8 ～ 10 秒；吸氣，雙手向前，帶動上背部與地面平行；呼氣，放鬆；在這裡停留 6 ～ 10 秒，讓血液回流，避免出現突然暈厥的情況；吸氣，雙手扶胯，抬頭帶動上背部直立；呼氣，八字收回雙腿。

（注意：這個體式可以有效放鬆背部，增加雙腿肌肉力量，

同時因為血液來到腦部，可使頭腦清醒。高血壓、心臟病、眩暈症或有血栓者，不要練習或在專業指導下逐步練習；女性經期時，做到背部與地面平行即可。）

363 側伸展式：鍛鍊出好看的臀部曲線

以四角板凳狀穩定支撐在瑜伽墊上。

吸氣，右腿向右側打開，腳內側貼地，與上半身成直角；呼氣，調整身體，啟動手臂肌肉力量，收緊腰腹，放鬆背部；吸氣，向上抬起右腿，與地面平行，自然呼吸；呼氣，放下並收回右腿，恢復四角板凳狀；換側練習。

（注意：進入該體式練習時，保持手臂、腰腹力量收緊，不要為了完成抬腿而塌腰。最初練習時，力量不夠的話，伸出腿可能會有抽筋的情況，量力而行。該體式可以增加腿部耐力，美化臀部線條，收緊臀部。）

364 門閂式：舒展腹部

金剛坐坐於瑜伽墊中央（膝蓋、腳背貼地，臀部放在腳後跟處）。

吸氣，腰腹發力，臀部起，大腿、背部直立；呼氣，雙手側平舉，伸直右腿，腳尖向外，腳後跟平行左腿膝蓋；吸氣，延展手臂，放鬆肩膀、背部；呼氣，右手手臂帶動身體向前向

下，放於右腿膝蓋（小腿）處，左手翻轉掌心向上，順勢向右
上方延伸，眼睛看向左手手臂內側上方天花板；自然呼吸 6～
10 秒；吸氣，左手手臂帶動身體回正；呼氣，收回右腿，從跪
姿還原為金剛坐姿。換側練習。

（注意，該體式練習時需要收緊腰腹核心力量，保持髖部朝
向正前方，側彎時不以追求側彎幅度而犧牲髖部以下的中正和
穩定。這個體式可以減少腰腹多餘脂肪，增強核心力量。）

365　剪刀腿：腹部直擊

仰臥在瑜伽墊上，腳尖回勾，膝蓋併攏，肩膀貼地，放鬆
背部，雙手放在身體兩側，掌心向下，眼睛看向正上方天花板。

吸氣，腰腹、腿部用力，抬高雙腿直至與地面垂直；呼氣，
保持腳尖回勾狀態下雙腿一前一後呈交叉狀；伴隨呼吸，一組
6～10 秒；呼氣，放下雙腿。

（注意：該體式練習時，上背部盡量保持穩定不用力，嘗試
運用腰腹力量完成動作，可在過程中感受腰腹與腿部肌肉的收
緊。）

後記：
綻放自己，是生命旅程的意義

我們身處同一個世界，但我們每個人眼中的世界是不同的。

道理大家都知道，但在現實生活中，我們常與戀人、朋友討論分岔路口的價值選擇，性格將我們導向不同的人生之路，我們很難有時間來交流彼此眼中的世界，或是看待世界的方式。成熟的人談戀愛、交朋友會先考慮價值觀，因為這些看不見摸不著的精神層面是根基。在我看來，世界觀是人生觀、價值觀的基礎 —— 世界始終客觀存在，但我們以怎樣的方式看世界，決定了我們眼中世界的樣子。

瑜伽看待世界的方式很簡單：自然而然，就像一棵樹。

天晴、天陰、雨水充足或是旱澇，它都坦然應對，豐時延展根莖，粗壯樹幹，貧時盡力吸收，用儲存應對，卻仍不忘記自己生長、開花、結果的「本分」。一切發生，最終都會成為曾經發生。它要做的，只是去經歷，只是去綻放自己。

這樣的方式不見得就是最好的，更不見得隨時隨地，什麼人都適用，但是你說，相較於目標清晰，急於想要到達 —— 踏上旅途之後，誰的心情會更加輕鬆愉悅，誰的幸福感更高呢？

《莊子》的故事中，有一棵叫做「大椿」的樹。對靈龜來說，8,000 年是靈龜的一生，而對大椿來說，8,000 年卻只是它的一季。相比之下，人生在世，百年僅僅是須臾之間，人類實在渺小，渺小得在更長的時間座標上，與一隻大象、一隻螞蟻沒有本質區別。

我們與其他生命體在同一個地球上，在同一個大自然母親

的懷抱中，共同組成這個繽紛多彩的世界，尊重對方的存在是彼此生存的基礎。

生命的美好與生死無關，與輸贏對錯無關，與是否綻放自己有關，也與自己這個生命體的責任與義務有關。每一個獨一無二的我們，因為各自不同的原因與另一個人遇見，五顏六色的生命線開始交織，形成一段又一段色彩斑斕的印記。

想清楚這點，「懶癌」末期的我也開始換上瑜伽服，走上瑜伽墊，讓身體健康起來，即便是別人眼中一個修習瑜伽的胖子，也要走好自己這一段人生路。

坦白地說，我無法證明是瑜伽引導我完成了這種轉變，但可以肯定地說，是操作簡單的冥想開啟了這一切，瑜伽參與和見證了整個過程，讓我堅持到現在。

有朋友說，你修習瑜伽之後，也沒什麼改變啊？

我認為這是「外在結果論」，比起現在結果如何，倒不如看看我從怎樣的過去成為現在的自己。瑜伽，從來不在意讓你成為誰，而是讓你在過程中體驗、創造、豐富，實現自己的價值。

願瑜伽冥想也成為你的道路。

願我們都能活出自我，享受生命。

電子書購買

國家圖書館出版品預行編目資料

冥想，日日靜心的活法：社會的步調無法掌控，
15 分鐘調整你的節奏 / 梁龍蜀 著 . -- 第一版 . --
臺北市：崧燁文化事業有限公司 , 2023.07
面；　公分
POD 版
ISBN 978-626-357-471-7(平裝)
1.CST: 靈修 2.CST: 生活指導
192.1　　 112009418

冥想，日日靜心的活法：社會的步調無法掌控，15 分鐘調整你的節奏

臉書

作　　　者：梁龍蜀

發 行 人：黃振庭

出 版 者：崧燁文化事業有限公司

發 行 者：崧燁文化事業有限公司

E - m a i l：sonbookservice@gmail.com

粉 絲 頁：https://www.facebook.com/sonbookss/

網　　　址：https://sonbook.net/

地　　　址：台北市中正區重慶南路一段六十一號八樓 815 室

Rm. 815, 8F., No.61, Sec. 1, Chongqing S. Rd., Zhongzheng Dist., Taipei City 100, Taiwan

電　　　話：(02) 2370-3310　　　傳　　　真：(02) 2388-1990

印　　　刷：京峯數位服務有限公司

律師顧問：廣華律師事務所 張珮琦律師

定　　　價：320 元

發行日期：2023 年 07 月第一版

◎本書以 POD 印製